Hermann Gattermann

Über das Verhältnis von Kants Inaugural-Dissertation vom Jahre 1770

Zu der Kritik der reinen Vernunft

Hermann Gattermann

Über das Verhältnis von Kants Inaugural-Dissertation vom Jahre 1770
Zu der Kritik der reinen Vernunft

ISBN/EAN: 9783743489745

Hergestellt in Europa, USA, Kanada, Australien, Japan

Cover: Foto ©Thomas Meinert / pixelio.de

Manufactured and distributed by brebook publishing software (www.brebook.com)

Hermann Gattermann

Über das Verhältnis von Kants Inaugural-Dissertation vom Jahre 1770

ÜBER DAS VERHÄLTNIS
VON
KANTS INAUGURALDISSERTATION
VOM JAHRE 1770
ZU
DER KRITIK DER REINEN VERNUNFT.

INAUGURAL-DISSERTATION

VERFASST UND

DER HOHEN PHILOSOPHISCHEN FACULTÄT

DER

VEREINIGTEN FRIEDRICHS-UNIVERSITÄT
HALLE-WITTENBERG

ZUR ERLANGUNG

DER PHILOSOPHISCHEN DOCTORWÜRDE

VORGELEGT VON

HERMANN GATTERMANN
AUS ELBINGERODE A. H.

HALLE A. S.
HOFBUCHDRUCKEREI VON C. A. KAEMMERER & CO.
1899.

Die Citate, soweit sie durch Ziffern angegeben sind, beziehen sich auf B. Erdmanns Ausgabe der Vernunftkritik Kants. Die römischen und die arabischen Ziffern gehen da, wo sie allein stehen, auf die Originalpaginierung des **Vorwortes** und des **Textes der zweiten Auflage**; da, wo sie verbunden sind, z. B. (I, III) oder (II, 98) oder (III, 280), betreffen sie die Originalpaginierung des **Vorwortes**, der **transscendentalen Deduktion** und der **Kritik der rationalen Psychologie** in der **ersten Auflage**, die in Erdmanns Ausgabe dem Text der zweiten als erste, zweite und dritte Beilage angehängt sind. Bezeichnungen wie (IV II 304), (VI II 184) beziehen sich auf die zweite Hartensteinsche Kant-Ausgabe.

Es ist Thatsache, dass Kants Inauguralschrift vom Jahre 1770 und die Kritik der reinen Vernunft viele gemeinsame und viele verschiedene Züge haben. Frage ist nun, ob die wesentliche Tendenz der Kritik der reinen Vernunft (das Charakteristische des Kritizismus) in jenem gemeinsamen Inhalte beider Schriften zu suchen ist, oder ob sie in den Differenzen liegt, welche die grosse Hauptschrift aufweist.

Die Antwort kann nun verschieden ausfallen: entweder man behauptet die Wesensidentität oder die Wesensdifferenz beider Schriften. Da aber die gemeinsamen Züge beider Schriften mehrere sind und da ebenfalls die differenten Züge derselben mehrere sind, so kann sowohl die Antwort, welche Wesensidentität, wie die, welche Wesensdifferenz behauptet, wiederum aus verschiedenen Gründen erfolgen, je nachdem man den einen oder den anderen der gemeinsamen resp. der differenten Züge hervorhebt.

I. Die Behauptung der Wesensidentität ist nun aus zwei Gründen erfolgt, je nachdem man das eine oder das andere der gemeinsamen Merkmale hervorhob.

a) Von K. Fischer wird als das entscheidende gemeinsame Merkmal beider Schriften hervorgehoben die Entdeckung der Phänomenalität von Raum und Zeit (Geschichte der neuern Philosophie, Band III, S. 314—328).

Daher sind seiner Meinung nach beide Schriften im Wesentlichen gleichzustellen.

b) Von F. Paulsen (Versuch einer Entwickelungsgeschichte der Kantischen Erkenntnislehre S. 125 ff) und von E. Adickes (Kantstudien, Anhang I, S. 138—151 und Vaihingers „Kantstudien" Band I, Heft 1, S. 20 ff) wird als das entscheidende gemeinsame Merkmal beider Schriften hervorgehoben der Rationalismus. Dass jedoch dieser Rationalismus in beiden Schriften eine verschieden weite Ausdehnung hat, erscheint ihnen nebensächlich. Daher sind dieser Ansicht nach aus jenem Grunde beide Schriften im Wesentlichen einander gleichzustellen.

II. Die Behauptung der Wesensdifferenz kann nun ebenfalls aus verschiedenen Gründen erfolgen, je nachdem man das eine oder das andere der differenten Merkmale hervorhebt.

a) Von W. Windelband (Vierteljahrschrift für wissenschaftliche Philosophie 1878, Jahrgang I, Heft 2, S. 224 ff. — Geschichte der Philosophie § 33—34 — Geschichte der neueren Philosophie Band II, S. 37 ff) wird die Wesensdifferenz betont, weil nicht die Entdeckung der Phänomenalität des Raumes, die sich auch schon bei Leibniz finde, das Wesentliche des Kritizismus ausmache, sondern die Entdeckung der Apriorität und objektiven Gültigkeit der logischen Normen (Kategorien) für die Erfahrung; da nun diese Entdeckung erst in der Kritik der reinen Vernunft sich finde, so seien beide Schriften als wesensdifferent zu bezeichnen.

b) Von B. Erdmann (Einleitung zu seiner Ausgabe von Kants Prolegomena und Vorrede zum II. Bande der von ihm herausgegebenen Reflexionen Kants) wird als das Wesentliche des Kritizismus die Grenzbestimmung angesehen (der Empirismus). Da nun diese in der Dissertation fehle, so sei dieselbe nicht mit der Kritik der reinen Vernunft zusammenzustellen.

III. Eine Mittelstellung nehmen A. Riehl und H. Vaihinger ein.

a) A. Riehl (Philosophischer Kritizismus Band I, S. 265 ff) ist der Ansicht, dass die Dissertation einen besonderen Standpunkt darstellt, der eine eigene Entwickelungsperiode voraussetzt.

b) H. Vaihinger (Commentar I, S. 48 ff) ist der Ansicht, dass die Dissertation zu dem zweiten Entwickelungsstadium gehört, das zur Kritik der reinen Vernunft führt, aber in jenem Entwickelungsstadium eine selbständige Anfangstellung einnimmt, und als ein noch dogmatisch gefärbtes Vorspiel der Kritik der reinen Vernunft zu betrachten ist. —

Es ist die Absicht der nachfolgenden Abhandlung, die Streitfrage von Neuem aufzunehmen und durch eine genaue Analyse des Inhalts beider Schriften sowie durch einen Vergleich der gewonnenen Ergebnisse womöglich zu einer Entscheidung zu gelangen.

I.
Die Dissertation vom Jahre 1770.
Kapitel 1.
Der mundus intelligibilis Kants.
Die menschliche Seele gedacht als eine der Substanzen des mundus intelligibilis.

Kant ist nicht der erste Philosoph, welcher einen mundus intelligibilis annimmt. So lange es metaphysisches Denken giebt, ist die Annahme eines zweifachen Seins hervorgetreten. So waren z. B. schon Plato und noch mehr die Eleaten sich darüber klar, dass die gewöhnliche praktische Ansicht der Dinge zu der ihrigen einen Gegensatz bilde. Sie fanden, dass wir nicht auf dem Boden der

Anschauung, sondern auf dem Wege der Vernunft, des Verstandes zum Erkennen des Seienden gelangen; ein mundus intelligibilis wird zum Substrat des mundus sensibilis. Auch nach Plato ist die Voraussetzung eines mundus intelligibilis notwendig. Die Vertreter der christlich-patristischen, der scholastischen und der Renaissance-Philosophie des 17. Jahrhunderts dachten ebenso. Für Cartesius ist die klar und deutlich gedachte Welt eine andere und wahrere als die nur sinnlich aufgefasste. Auch Spinoza ist überzeugt, dass die ratio das Seiende giebt, wie es ist. Dieselbe Auffassung hat Leibniz. Demnach ist die Überzeugung vorhanden, dass das Seiende erkannt werden können, dass es in dem Bestande des Seienden für unser Erkennen keine Grenze gebe, wenn man nur den richtigen Weg einschlage. So verschieden nun die eingeschlagenen Wege waren, so verschieden waren auch die gefundenen mundi intelligibiles, z. B. im Neu-Platonismus, in der christlichen Dogmatik, bei J. Bruno, Spinoza, Leibniz.

Nach Leibniz bedeutet der mundus intelligibilis eine Vielheit endlicher Substanzen als selbständig existierender Wesen. Die Substanz ist ihm ein unkörperlicher, unausgedehnter Kraftpunkt, ausgestattet mit einer vis activa (Fähigkeit des Vorstellens) und einer vis passiva (Undurchdringlichkeit). Die Welt besteht ihm aus solchen Substanzen, die infolge ihres „Krafthabens" unaufhörlich veränderlich sind, nach dem Gesetze der continuitas wirken.

Ist nun jede Kraft kontiuierlich, so ist aus dem Wesen der Veränderung deutlich, dass sie in jedem Augenblick sich ändert, dass sie eine Vielheit von Wechsel in sich enthält. Der Sinnenwelt als Inbegriff der Erscheinungen liegt eine Vielheit geistiger Substanzen zugrunde, welche durch ihre Kraftäusserung den Wechsel der Erscheinungen bedingen. —

Ungefähr dieselbe Auffassung vom mundus intelligibilis hat auch Kant noch um 1770, nachdem sie schon in seiner Monadologia physica (1756) ausgesprochen war. In ähnlicher Weise wird der mundus intelligibilis von Swedenborg aufgefasst, nämlich als reales Universum der Geisterwelt, deren Glieder mit einander in Verbindung stehen. Auf Grund der Übereinstimmung, welche in dieser Hinsicht zwischen Kant und Swedenborg stattfindet, lässt sich vielleicht darauf schliessen, dass Kant bei der Abfassung der Inauguralschrift von Swedenborg'schen Einflüssen mitbestimmt war, so dass diese und mit ihr die *transscendentale Ästhetik in einem wenn auch losen, so doch positiven Verhältnis zu den „Träumen" von 1766 und damit auch zu Swedenborg stände (Vaihinger, Comment. II, 513).

In der Dissertation vom Jahre 1770 wird der mundus intelligibilis als Erkenntnisobjekt des Menschen betrachtet und aufgrund der Begriffe des simplex, des continuum und des infinitum auf seine Erkennbarkeit hin geprüft.

Als menschliche Wesen können wir ein Ganzes nur begreifen, wenn wir dessen Teile nach und nach aneinanderreihen dürfen, was aber in absehbarer Zeit geschehen muss, wenn wir uns das Ganze bestimmt vorstellen wollen. Zu diesem fertigen Ganzen vermögen wir noch mehrere Teile hinzu zu denken. Das Unendliche, aber Kontinuierliche kann auf diese Weise nicht erfasst werden; denn es gestattet kein Aufhören des Zusammensetzens. Ein intellectus archetypus zwar, der das Innerste der Dinge schauend erkennt, kann die Vorstellung eines unendlichen Ganzen haben; nicht wir, die wir einen intellectus ectypus besitzen. Können wir nun als menschliche Wesen das continuum nicht erfassen, ist es uns subjektiv unmöglich, so folgt doch daraus noch nicht, dass die Möglichkeit des Erkennens im objektiven Sinne ausgeschlossen ist, wenn es uns auch nur vergönnt ist, die Zusammensetzung des continuum per notionem abstractam intellectus zu denken. In dieser Lage befinden wir uns gegenüber dem Erkenntnisobjekt, welches Kant in § 1 der Dissertation als substantiell Zusammengesetztes, als eine Verbindung von Substanzen zu einem Ganzen, das kein Teil mehr ist, als Welt bezeichnet. Der Begriff einer Welt muss alles, was durch die Schöpfung wirklich wurde, in sich begreifen und als ein Einziges vorstellen. Zum Begriff der Welt gelangen wir nun durch die reine Vernunft, nicht durch das sinnliche Erkenntnisvermögen. Zur Erfassung durch die reine Vernunft haben wir nur den Begriff der Zusammensetzung der Welt aus einfachen Substanzen nötig. Zwar fällt nach Aufhebung des Verstandesbegriffs der Zusammensetzung alle Verbindung fort, aber das Unverbundene, die einfachen Elemente bleiben. Für das sinnliche Erkenntnisvermögen aber ist diese Entstehungsart nicht ausreichend; wir müssen, um den Begriff des Ganzen zu erhalten, die uns gegebenen Teile nach und nach neben einander ordnen und verknüpfen, was eine Handlung, somit einen Zeitverlauf erfordert. Diese Handlung hat aber in sich selbst kein Ende, ist vielmehr bei der Untrennbarkeit der Teile vom Weltganzen unendlich, und es kann das keine Teile mehr Habende nie erreicht werden, da man endlos den Teil wieder als Ganzes und das Ganze wieder als Teil nehmen kann.

Von der Zusammensetzung der Welt können wir folglich nur einen Verstandesbegriff, keine Anschauung haben. Nachdem Kant gezeigt hat, wie er sich die Welt stofflich zusammengesetzt denkt, setzt er auseinander, wie er sich das Zusammenbestehen der die Welt bildenden Substanzen vorstellt. Eine denkbare Verknüpfung derselben wäre z. B. die nach Grund und Folge. Diese Art der Verknüpfung kann aber die Substanzen nicht zu einem Ganzen machen, da sie hierdurch in Abhängigkeit geraten würden, was dem Wesen der Substanz widerspricht. Die Verbindung muss vielmehr als wechselseitig und gleichartig angesehen werden. Wechselseitigkeit ist erforderlich, damit ein reales Ganzes zustande kommen kann, kein nur ideelles, welches bei einseitiger Verknüpfung der Substanzen entstände. Gleichartigkeit muss vorausgesetzt werden, damit die ganze Verbindung überhaupt von einem einzigen Grunde hergeleitet werden kann. Die Verbindung der Substanzen kann keine Unterordnung, sondern nur Nebenordnung sein.

Dieses Verhältnis der wechselseitigen Beiordnung der Substanzen, welches die wesentliche Form der Welt ausmacht, ist als Prinzip der möglichen Einflüsse gedacht. (Nexus autem, formam mundi essentialem constituens, spectatur ut principium influxuum possibilium substantiarum mundum constituentium [§ 2]). Dem möglichen Einfluss (influxus possibilis) steht gegenüber der influxus actualis, der sich nicht auf das Wesen der Substanzen, sondern auf deren Zustand bezieht. Um den Unterschied beider noch mehr hervorzuheben, sei daran erinnert, dass Martin Knutzen[1]), der Lehrer Kants, den influxus actualis nicht auf die wechselnden Zustände der Substanzen, sondern auf die direkten gegenseitigen Einwirkungen derselben bezieht, und zwar so, dass die Wirkungen der Körpermonaden auf die Seelenmonas vermöge der vollkommeneren Beschaffenheit der letzteren als Vorstellungen, im umgekehrten Falle aber als Bewegungen auftreten. Der Unterschied der Einwirkungen seitens der Substanzen wäre demnach nur ein gradueller und erinnert an eine ähnliche Unterscheidung, die sich bei Leibniz bezüglich der Verstandes- und Sinneserkenntnis findet.

Nach Kants Auffassung fällt die Wechselwirkung der Substanzen mit ihrem physischen Einfluss in der Sinnenwelt nicht zusammen; vielmehr findet letzterer, der sich als mechanische Wechselwirkung offenbart, sein intellektuelles Korrelat im influxus possibilis der Substanzen.

Da Kant eine wechselseitige Beeinflussung (mutuum commercium) annimmt, wird es ihm möglich, alle Substanzen von einer gemeinsamen Ursache abzuleiten.

[1]) B. Erdmann, Martin Knutzen und seine Zeit.

Über das Verhältnis der den mundus intelligibilis bildenden Substanzen zu ihrer gemeinsamen Ursache äussert sich Kant in § 9 der Dissertation. Hier wird die Ursache der Substanzen bezeichnet als perfectio noumenon, welche den Inhalt der reinen Verstandesbegriffe ausmacht. Jener Paragraph, der dem Verständnis grosse Schwierigkeiten entgegenstellt, hat in der Kant-Litteratur verschiedenartige Beurteilung gefunden. So entwickelt Paulsen[1] die Andeutungen des § 9 wie folgt. „Der Begriff der perfectio noumenon hat eine doppelte Bedeutung, eine theoretische und eine praktische. Im ersteren Sinne ist sie das ens summuna, s. Deus. Gott wird einerseits, sofern er ein Seiendes ist, bezeichnet als das Prinzip der Entstehung aller Dinge; andererseits, sofern er das Ideal der Vollkommenheit ist (ut ideale perfectionis als Prinzip der Erkenntnis. Die Dinge haben also in Gott ihren Ursprung als Einschränkungen einer absoluten Realität. Als Endliche ist eine Selbstbeschränkung oder Determination des Unendlichen. So sind die Dinge im Wesen Gottes, der omnitudo realitatis, begründet, und darum kann ihre Erkenntnis aus dem Begriffe jenes Wesens abgeleitet werden". -

Diese Auffassung des § 9 scheint Adikes[2] zu weit zu gehen. Er bezweifelt, dass Kant gemeint haben könne, alle Erkenntnis sei aus dem Gottesbegriff abzuleiten, trotzdem Gott daselbst ideale perfectionis, principium cognoscendi omnis perfectionis genannt werde; denn kurz vorher ständen die Worte: in quolibet genere eorum, quorum quantitas est variabilis, maximum est mensura communis et principium cognoscendi. Was vom Gottesbegriff im Verhältnis zu den einzelnen perfectiones behauptet werde, sei hier also allgemein von jeder veränderlichen Grösse gesagt: sie könne nur an einem Ideal gemessen und aus ihm er-

---

[1] Paulsen, Versuch einer Entwicklungsgeschichte des Kantischen Kriticismus, S. 108.
[2] Adikes, Kantstudien, S. 132-133.

kannt werden; nur durch Vergleichung mit jenem Ideal könne festgestellt werden, in wieweit sie die in ihr liegende Idee zum Ausdruck bringe. Principium cognoscendi und mensura communis seien als Synonyma, auch mit Bezug auf den Gottesbegriff zu fassen.

Allein in demselben Paragraphen erklärt Kant mit Bestimmtheit, dass die allgemeinen Grundsätze des reinen Verstandes, wie sie die Ontologie und die rationale Psychologie bieten, auf ein Einzelnes hinausliefen (exeunt in exemplar aliquod), in die perfectio noumenon, Gott. Demnach ergiebt die Entwicklungsreihe, umgekehrt betrachtet, die mögliche Entwicklung einer gültigen Begriffsreihe, aus jenem realsten aller Begriffe, dem ens summum.

Die Möglichkeit der Ableitung der Substanzenreihe aus Gott ist in der Dissertation nicht weiter erörtert worden; sie muss aber nach einer Stelle aus § 24 als begriffliche Ableitung gedacht werden: praedicatum in quolibet iudicio intellectualiter enunciato est conditio, absque qua subiectum cogitabile non esse asseritur. Die aus dem Gottesbegriff abgeleiteten Begriffe stellen nach Kant eine Reihe notwendiger Wahrheiten dar. Gott ist die omnitudo realitatis, welche die die Welt ausmachenden Dinge gleichsam umfasst und setzt. Diesem Weltbildungsprozess entspricht nun ein System von Begriffen, in welchem durch Einteilung von der höchsten Gattung zu immer bestimmteren Realitäten von immer beschränkterem Umfange herabgestiegen wird (Paulsen). In der Dissertation gilt der Begriff des ens realissimum für den realsten aller Begriffe, demnach die aus demselben entwickelte Erkenntnis für ganz gesichert.

Damit haben wir bereits den usus realis des Verstandes angedeutet, den die Dissertation durchweg festhält und der bald Gegenstand unserer Erörterung werden soll.

Das Verhältnis Gottes zur Substanzenwelt wird auch durch folgende Stellen aus § 20 näher bezeichnet. Substantiae mundanae sunt entia ab uno, non a diversis, sed omnia ab uno. — Mundi non est architectus, qui non simul sit creator. — Unitas in coniunctione substantiarum universi est consectarium dependentiae ab uno. —

Schon bei S p i n o z a finden wir die Auffassung, nach welcher in der wahren Welt alle Dinge zeitlos aus der einen unendlichen Substanz entspringen. Nach dem 2. Buche der Ethik S p i n o z a s fallen Denken und Ausdehnung notwendig zusammen. Beide sind parallel laufende Darstellungen derselben unendlichen Substanz: die Gesetze der Entwicklung sind daher in beiden dieselben. „Ordo et connexio idearum idem est ac ordo et connexio rerum".

Bei S p i n o z a steht Gott nicht ausserhalb der causata, sondern schafft als blinde Naturkraft; aber bei L e i b n i z und K a n t gehört Gott nicht zum Weltganzen, nicht in die Reihe der Substanzen; er ist hier ens extramundanum. Ist Gott causa mundi, so gehört er nicht in die Reihe der causata; denn aus dem Verhältnis der Ursache und Wirkung kann die Realität eines Ganzen, also auch des Weltganzen nicht eingesehen werden. Die Ursache des Weltganzen ist aber auch nur e i n e, was in der Harmonie des letzteren begründet ist. Somit verbürgt die Zusammensetzung des mundus intelligibilis die Realität des Gottesbegriffes. —

Auch die S e e l e des Menschen ist eine Substanz. Es kommt ihr eine innere Gesetzmässigkeit zu, ein inneres, endliches aber selbständiges Wesen, das eine ihm spezifischeigentümliche Beschaffenheit besitzt, die sich als vis receptiva und vis spontanea offenbart. K a n t unterscheidet die Erkenntnis in R e c e p t i v i t ä t (passive Sinnlichkeit und ihre apriorischen Elemente) und in Spontaneität (aktiver Verstand und seine apriorischen Elemente). „Sinnlichkeit ist die Empfänglichkeit der Person, die durch ihr Vorstellen von der Gegenwart eines Gegenstandes in gewisser Weise erregt wird. Das Denken ist das Vermögen der Person, durch welches sie das, was wegen seiner Beschaffenheit nicht von ihren Sinnen erfasst werden kann, sich vorzustellen vermag" (§ 3). Sinnlichkeit und Verstand sind für Kant, wie er in der Kritik der reinen Vernunft sagt, die „beiden Stämme des menschlichen Erkennens, die vielleicht aus einer gemeinsamen, aber uns unbekannten Wurzel entspringen". Dadurch bekennt er sich zu einer Unterscheidung, die sich bis auf Plato, ja bis auf die Eleaten zurückverfolgen lässt. Auch in der Leibniz-Wolffschen Schule besteht die Scheidung zwischen einem niedern und einem höhern Erkenntnisvermögen, aber durch die weitere Bestimmung dieses Verhältnisses stellt sich Kant sogleich in Gegensatz zu Leibniz. Da nach diesem die endlichen Substanzen Kräfte sind, so ist der Unterschied zwischen sinnlicher Erkenntnis und Verstandesvorstellung nicht wesentlicher, sondern nur logischer Art, sofern die sinnlichen Vorstellungen verworren, unklar, undeutlich, während die Verstandesvorstellungen klar und deutlich sein sollen. — Kant polemisiert dagegen, indem er behauptet, dass die Sinnesvorstellungen von den Verstandesvorstellungen spezifisch verschieden sind, erstere auf letztere gar nicht, sondern nur auf die Elemente der Sinnlichkeit sich beziehen. Kant scheidet ferner das empirische und das apriorische Element unserer Erkenntnis durch den Gegensatz von Form und Materie. Die Form erscheint ihm als das Bestimmende, die Materie als das Bestimmbare, und somit wiederholt sich bei ihm der alte Gegensatz, wie er z. B. zwischen $\delta\acute{v}v\alpha\mu\iota\varsigma$ und $\acute{e}v\acute{e}\varrho\gamma\epsilon\iota\alpha$ bei Aristoteles in ähnlicher Weise ausgedrückt ist. Die Form der Dinge rührt unsere Sinne nicht, muss daher apriorisch aufgefasst werden. Die Materie der Erkenntnis ist empirisch gegeben, die Form der Erkenntnis ist von der Materie wesensverschieden. Daher kann die Form der Erkenntnis nicht empirisch, sondern nur apriorisch sein, und zwar giebt es sowohl sinnliche als verstandesmässige Formen unseres Erkennes.

Kapitel 2.

Raum und Zeit als Formen der sinnlichen Erkenntnis.

Die Empfindungen bilden die Materie der sinnlichen Erkenntnis; aber neben der Materie ist eine Form der sinnlichen Erkenntnis anzunehmen, welche in der Art und Weise besteht, wie die sinnlichen Empfindungen zusammengeordnet werden. Diese Form wird nicht durch die Wirkung der Dinge in uns hervorgerufen; denn durch die Formen der Dinge werden unsere Sinne nicht affiziert. Die Formen beruhen vielmehr auf einem bestimmten Gesetz unserer Sinnlichkeit (quadam naturali lege): Mannigfaltiges zusammen zu ordnen aus einer ursprünglichen Beschaffenheit des sinnlichen Erkennens heraus.

Raum und Zeit sind die Bedingungen der Möglichkeit der Ordnung der Empfindungen, nicht das, was die Empfindungen ordnet; Raum und Zeit werden erwiesen als formale Bedingungen der Möglichkeit der Ordnung der Empfindungen durch die Sinnlichkeit. Raum und Zeit sind nicht durch Erfahrung entstehende Realitäten, sondern sie entstehen naturali quadam lege, sie sind nicht objektiv, sondern ihr Ursprung wie auch ihr Inhalt liegt in unserer Sinnlichkeit, weil die äussere Form der Dinge gar nicht auf uns einwirken kann (§ 4). Die Form ist keine adumbratio aut schema quoddam obiecti. Die Dinge an sich sind intelligibilia, zu denen die sensualia das Gegenstück bilden, und können nicht gewonnen werden aus Abstraktionen der sinnlichen Vorstellungen. Die Verstandesvorstellungen sind den Sinnesvorstellungen gegenüber schlechtweg selbständig. —

Die Vorstellungen von Raum und Zeit sind nach Kant nicht angeboren, sondern entwickelt auf Grund angeborener Gesetze, aber nicht eine Erwerbung durch Erfahrung, sondern eine acquisitio originaria. Damit lehrte Kant etwas ganz Neues. Dem vorphilosophischen Denken gelten beide als etwas Selbständiges: der Raum als ein ungeheueres Gefäss, welches alles umschliesst, die Zeit als der alles verschlingende Abgrund. Jenen denkt man sich nach drei Dimensionen hin ausgedehnt, diese als eine stetige gerade Linie. Die Atomisten setzten einen leeren Raum, den unteilbare, undurchdringliche Körperchen ausfüllen. Nach Aristoteles bildet der Raum ein bis an die äussersten Grenzen des umschliessenden Himmels ausgedehntes Gefäss, in welches die Körperwelt gleichsam heineingestellt ist, und noch Cartesius und Spinoza betrachten die Ausdehnung als ein wesentliches Merkmal alles Körperlichen. Erst Leibniz nannte alle Raumbegriffe die bestimmten Formen möglicher Beziehungen, und Hobbes erklärte, Zeit sei nirgends zu finden und kaum ein blosses Phantasma. Bei Cartesius gelten die Raum- und Zeitvorstellungen als angeboren, bei Locke als aus der Erfahrung erworben; Leibniz, der von angeborenen Vorstellungen nicht in dem Sinne redet, dass sie deutliche Bewusstseinsinhalte wären, sondern nur so, dass sie in dynamischem Sinne angeboren seien, überträgt diese Auffassung auch auf das Zeit- und Raumproblem. Kant bleibt zwar auf dem Boden der Leibnizschen Philosophie stehen, geht aber weiter und behauptet, dass die sinnlichen Vorstellungen, anschauliche Vorstellungen, intuitus sind, wogegen die Verstandesvorstellungen nur cognitiones symbolicae bleiben. Die Form der Sinnlichkeit, welche a priori „im Gemüt bereit liegt", nennt Kant reine Anschauung: sie heisst bei Objekten des äusseren Sinnes der Raum, bei denen des inneren die Zeit. Was Kant in § 14 der Dissertation über den Zeitbegriff vorträgt, lässt sich in folgende Sätze zusammenfassen:

1) Die Vorstellung der Zeit entspringt nicht aus den Sinnen, sondern wird von ihnen vorausgesetzt.

2) Die Vorstellung der Zeit ist eine einzelne, keine allgemeine, denn jede Zeit wird nur vorgestellt als ein Teil derselben unermesslichen Zeit.

3) Die Vorstellung der Zeit ist daher eine Anschauung, und, da sie vor aller Empfindung gefasst wird, eine reine Anschauung.

4) Die Zeit ist eine stetige Grösse.

5) Die Zeit ist nichts Gegenständliches und Wirkliches, weder Substanz noch Accidenz, nur reine Anschauung.

6) Obgleich die Zeit, an sich und ohne Bedingung gesetzt, ein Gedankending ist, so ist sie doch, insofern sie zu dem unveränderlichen Gesetz des Sinnlichen gehört, ein höchst wahrer Begriff, die Bedingung anschaulicher Vorstellungen.

7) Die Zeit ist das unbedingt erste formale Prinzip der sinnlichen Welt. (Über die Zeitargumente vgl. Vaihinger Comment. II, 368 ff. 373, 384).

Vorstehende Sätze stimmen im Wesentlichen zu dem, was Kant in der Kritik der reinen Vernunft über das Zeitproblem lehrt, wovon im zweiten Teile unserer Arbeit ausführlicher gehandelt werden soll.

Was die Inauguralschrift (§ 15) über das Raumproblem lehrt, lässt sich in folgende Sätze zusammenfassen.

1) Die Vorstellung des Raumes wird nicht von den äusseren Empfindungen abstrahiert.

2) Der Begriff des Raumes ist eine Einzelvorstellung, welche alles in sich enthält und nicht, wie ein abstrahierter Begriff, alles unter sich befasst.

3) Die Vorstellung des Raumes ist daher eine reine Anschauung.

4) Der Raum ist nichts Gegenständliches und Wirkliches, weder eine Substanz noch ein Accidenz, noch eine Beziehung, sondern etwas Subjektives und Ideales, was aus der Natur der Seele nach einem festen Gesetze hervorgeht.

5) Obgleich der Begriff des Raumes als eines gegenständlichen und wirklichen Wesens oder einer Eigenschaft nur eingebildet ist, so ist er doch betreffs der sinnlichen Dinge von der höchsten Wahrheit und die Grundlage aller Wahrheit der äusseren Empfindung.

6) Der Raum ist das unbedingt erste formale Prinzip der sinnlichen Welt, das Prinzip des Alls (der universitas), was nicht wieder Teil eines Ganzen sein kann. (Über die Raumargumente vgl. Vaihinger Comment. II, 158 ff., 184, 218, 232, 283).

Auch diese Sätze kehren in der Kritik der reinen Vernunft wieder. (Vgl. Vaihinger Comment. II, 413 ff.). Die in der Inauguralschrift gegebenen Ausführungen über den Raum entsprechen genau den auf die Zeit bezüglichen, wobei jedoch der Widerspruch hervortritt, dass der Raum für das erste formale Prinzip der sinnlichen Welt erklärt wird, während eben dies vorher schon von der Zeit ausgesagt ist. Diesen Widerspruch klären die Ausführungen der Vernunftkritik dahin auf, dass Raum und Zeit in gleichem Grade die ersten formalen Prinzipien der sinnlichen Welt sind.

Dennoch kann die Zeit nach der Dissertation in erster Linie als oberstes formales Prinzip der sichtbaren Welt angesehen werden; omnia enim quomodocunque sensibilia non possunt cogitari, nisi vel simul, vel post se invicem posita, adeoque unici temporis tractu quasi involuta ac semet determinato positu respicientia, ita, ut per hunc conceptum, omnis sensitivi primarium, necessario oriatur totum formale, quod non est pars alterius h. e. mundus phaenomenon (§ 14. 7). (Über $\varphi\alpha\iota\nu\acute{o}\mu\epsilon\nu\alpha$ und $\nu o o\acute{\nu}\mu\epsilon\nu\alpha$ vgl. Vaihinger Commentar II, 117). Ja die Zeit wird in der Dissertation beinahe als ein Mittelding zwischen dem Prinzip der äussern Anschauung und den Verstandesfunktionen angesehen, was daraus erhellt, dass selbst schon der Satz des Widerspruchs sie voraussetzt und sich als Bedingung unterlegt. A enim et non A non repugnant.

nisi simul cogitata de eodem, post se autem eidem competere possunt (§ 14, 5). Ihre Bedeutung liegt demnach nicht nur im Bereich der Sinnlichkeit. Da nun aber dem mundus phaenomenon stets der mundus noumenon als metaphisischer Hintergrund zur Seite gestellt wird, so erhellt, dass Raum und Zeit auch im Sinne des mundus noumenon gedeutet werden können. Das hat Kant — wenn auch mit vorsichtigem Vorbehalt — im scholion zu § 22 der Inaugurnalschrift ausgeführt.

Der Raum ist nicht nur die allgemeine und notwendige Bedingung für die Erscheinungen, sondern auch für die Mitgegenwart der diesen zugrunde liegenden Substanzen, also für die erscheinende Gemeinschaft beider, was soviel bedeutet als die Erscheinung der causa mundi, Gottes. Daher nennt Kant den Raum omnipraesentia phaenomenon des Urgrundes aller Dinge. Da ferner die Möglichkeit der Veränderung und Folge die Beharrlichkeit des Subjecktes voraussetzt, und dasjenige, dessen Zustände fliessend sind, nicht beharrt, wenn es nicht von einem Andern erhalten wird, so ist der Begriff der Zeit als des einzigen Unendlichen und Unveränderlichen, in dem alles ist und beharrt, die aeternitas phaenomenon der gemeinsamen Ursache, Gottes. Wahrscheinlich hat die in diesen Stellen ausgesprochene Parallele „formend auf den Begriff des mundus intelligibilis zurückgewirkt, so dass, wie in Raum und Zeit jeder Teil non nisi limitando aus der einen umfassenden Form entspringt, aus der perfectio noumenon jede beschränkte Realität hervorgeht." (Paulsen, S. 110; Anm.) Die Lehre Kants über Raum und Zeit, ganz neu in ihrer Art, musste für die Wertung des menschlichen Wissens, soweit sinnliche Erkenntnis dabei in Betracht kommt, von grosser Bedeutung werden. Da Raum und Zeit zwar alles Sinnliche in sich darstellen, aber dasselbe nicht qualitativ bestimmen, so sind sie auch nur der Quantität nach Gegenstand der Wissenschaft. Deshalb betrachtet die reine Mathematik den Raum in der

Geometrie und die reine Mechanik die Zeit. Indem so die reine Mathematik die Form unserer ganzen sinnlichen Erkenntnis behandelt, ist sie das Werkzeug jeder sinnlichen und deutlichen Erkenntnis, und da ihre Gegenstände ursprüngliche Anschauungen sind, so gewährt sie die wahrste Erkenntnis und ist zugleich für alle das Muster höchster Gewissheit (§ 12).

Demnach müssen also alle Axiome, welche wir aus der reinen Anschauung von Raum und Zeit ableiten, absolut auf die Gegenstände der Erscheinungswelt anwendbar sein. Die aprioristische Kenntnis der Gesetze unserer Sinnlichkeit bedingt zugleich eine apriorische Erkenntnis aller Gegenstände als Erscheinungen. Damit hatte Kant die sinnliche Erkenntnis der reinen Verstandserkenntnis ebenbürtig gemacht.

An dem Zustandekommen sinnlicher Erkenntnis sind zunächst die Gesetze der Anordnung nach Zeit und Raum beteiligt, welche die von der Erfahrung gelieferten Empfindungen in Vorstellungen umsetzen und ordnen, sodann aber auch der Intellekt, welcher die räumlich und zeitlich geordneten Vorstellungen auf die Stufe empirischer Begriffe emporhebt und systematisch ordnet. Diesen dreistufigen Prozess bezeichnen die Worte sensatio, apparentia, experientia (§ 5). Jede einzelne Erfahrung macht diese Metamorphose durch; die Summe aller Erfahrungen stellt der mundus phaenomenon dar.

Kapitel 3.

Der usus realis des Verstandes. Deutung von Raum und Zeit im Sinne des mundus noumenon. Kritische Tendenz der Dissertation.

Ausser bei der Bildung der Erfahrungsbegriffe ist nun aber der Verstand noch thätig, und zwar allein thätig bei der Bildung der reinen Begriffe. Daher unterscheidet Kant für den Verstandesgebrauch den usus logicus vom usus realis, sofern nämlich durch erstern das Produkt aus Materie und Sinnlichkeit nur begrifflich geformt, aber nicht selbständige, vom Sinnlichen freie Erkenntnis hervorgebracht wird, während der usus realis die Funktion der Hervorbringung reiner Begriffe sein soll. Um letztere von den Erfahrungsbegriffen reinlich zu trennen, verwirft Kant für jene die Bezeichnung „abstrakte" Begriffe, da sie durchaus nicht vom Sinnlichen „abgezogen" werden, und findet die Benennung „abziehende" (vom Sinnlichen absehende) Begriffe richtiger (§ 6).

Um das Gebiet der reinen Begriffe scharf zu umgrenzen, nimmt er, wie schon erwähnt, Stellung zu der Auffassung der Leibniz-Wolfschen Schule bezüglich der Erkenntnisarten und urteilt: Wolff verdiene getadelt zu werden, weil er durch seine Unterscheidung die Grenzen zwischen sinnlicher und verstandesmässiger Erkenntnis verwischt und hierdurch zur Verbreitung philosophischer Irrtümer Veranlassung gegeben habe (§ 7).

Was lehrt Kant nun über das Wesen und die Erwerbung der reinen Begriffe?

Wie bezüglich der Raum- und Zeitvorstellungen, setzt er auch hier gewisse leges menti insitae (§ 8) voraus, aus welchen vermittelst Abstraktion die ursprünglich reinen Begriffe, d. h. Begriffe von den Aktionen des Intellekts erworben werden, indem bei Gelegenheit der Erfahrung auf ihre Thätigkeit geachtet wird. Von derartig erworbenen Begriffen führt Kant an: Die Möglichkeit (possibilitas), das Dasein (exsistentia), die Notwendigkeit (necessitas), die Substanz (substantia), die Ursache (causa) mit ihren gegenteiligen und zugehörigen Begriffen. Als Kriterium dafür, dass diese Begriffe Stammbegriffe, ursprünglich reine Begriffe sind, hebt er hervor, dass sie niemals als Teile in eine sinnliche Vorstellung eintreten können, also auch nicht aus ihr ableitbar sind. In der Analytik der Vernunftkritik finden wir jene Beispiele von Stammbegriffen zu einem System der Kategorieen ausgebildet, welches in der Inauguralschrift noch im Entstehen begriffen ist.

Der wichtigste unter den Stammbegriffen ist der der Kausalität; daher wollen wir auf diesen besonders das Kriterium beziehen, welches Kant für die ganze Gattung in Anspruch nimmt. In dem Urteil: „Die Pulverentzündung bewirkt einen Knall" sind die Begriffe „Pulverentzündung" und „Knall", beide abstrahiert aus Erscheinungen, welche die Erfahrung bietet, mit einander verbunden. Es fragt sich nun, ob der verknüpfende Begriff, der in „bewirkt" liegt, denselben Charakter hat, wie die verknüpften, also gleichfalls auf die Erfahrung zurückgeht.

Wäre dies der Fall, so müsste dem verknüpfenden Begriffe ein sinnlicher Gegenstand oder ein einzelnes Merkmal vieler Gegenstände entsprechen. Offenbar aber ist hier kein Gegenstand da, den ich als „Wirkung" bezeichnen kann; es könnte also nur noch möglich sein, dass jener verknüpfende Begriff als ein Merkmal, eine Eigenschaft, ein Zustand aus verschiedenen Gegenständen abstrahiert wäre, so wie ich etwa verschiedene Körper beobachte, die eine mangnetische Wirkung ausüben, und daraus den Begriff „Mangnetismus" bilde. In der Regel war eben dies die allgemeinste Meinung vor Hume und Kant gewesen. Beobachtet man mehrere Male, dass auf die Pulverentzündung ein Knall folgt, so sagt man endlich: beide stehen im Verhältnis von Ursache und Wirkung. Hume zeigte aber, dass die Wiederholung derselben Erscheinungsfolge höchstens zum Glauben und Mutmassen führen könne, aber nicht zum Wissen, dass Eins notwendig immer das Andere hervorruft. Daher konnte Hume einen legitimen Grund der kausalen Verknüpfung nicht in der Erfahrung finden und wurde zur Skepsis geführt, während Kant von derselben Voraussetzung aus auf die Intellektualität des Kausalbegriffs schloss. (Kronenberg, Kant. Sein Leben und seine Lehre (S. 183 ff.)

Die Frage nach der untrüglichen Gewissheit des Kausalbegriffs beantwortet er ebenso wie in dem analogen

Falle, da es sich um das Wesen von Raum und Zeit handelt. Die verknüpfenden Begriffe Ursache und Wirkung sind nicht aus den Dingen abstrahiert, sondern gehören unserm Erkenntnisvermögen an, sind von uns erst in die Dinge hineingetragen; und wie Raum und Zeit die reinen Formen der Sinnlichkeit waren, so sind diese verknüpfenden Begriffe, die Kant auch reine Verstandesbegriffe nennt, die reinen Formen des Verstandes.

Was die Erwerbung dieser reinen Begriffe anlangt, sollen sie nach § 8 der Inauguralschrift durch Reflexion entstehen. Die leges menti insitae stammen freilich nicht aus Erfahrung, sondern gehen dieser voraus, aber die Begriffe von diesen Gesetzen werden ohne Zweifel durch häufiges Achtgeben bei Gelegenheit innerer Erfahrung erlangt. Das Gleiche gesteht Kant zu bezüglich der Erwerbung der Zeit und Raumvorstellungen, und wenn er § 8 diese Wendung (attendendo) auch in Ansehung der reinen Begriffe gebraucht, so sagt er doch in zahlreichen Fällen, dass die reinen Begriffe durch den usus realis selbst gegeben werden (dantur), wie folgende Stellen zeigen. § 5: Es giebt einen Gebrauch der Intellektualia, quorum priori dantur conceptus ipsi vel rerum vel respectuum, qui est usus realis; § 6: conceptus intellectuales dantur per ipsam naturam intellectus; § 23; in philosophia pura usus intellectus circa principia est realis, h. e. conceptus rerum et relationum primitivi atque ipsa axiomata per ipsum intellectum purum primitivi dantur; § 7: conceptus morales non experiundo, sed per ipsum intellectum purum cogniti.

Da Kant eine von aller Erfahrung unabhängige Erkenntnis aus reiner Vernunft begründen will, vermeidet er jeden Ausdruck, der an den Zusammenhang der leges intellectus mit der Erfahrung erinnern könnte. Darum setzt er jenes dantur. Wir sind mit Paulsen (S. 106—107) der Ansicht, dass er die Bethätigung der leges intellectus an der innern Erfahrung zugestehen konnte, ohne befürchten zu müssen, dass dadurch die Methaphysik, welche nach § 8 Wissenschaft von den Prinzipien des usus realis sein soll, auf die Stufe der empirischen Psychologie herabgesetzt würde, da ja die leges intellectus ursprünglich dem Intellekt angehören, der sie zu aller Erfahrung hinzubringt. In der Kritik der reinen Vernunft gelten die leges intellectus als Begriffe, so dass nun die Bezeichnungen „Kategorien" und „reine Begriffe" gleichbedeutend sind, während in der Inauguralschrift zwischen den leges intellectus und den Begriffen von diesen Gesetzen streng unterschieden wird.

Das Ziel (finis) der gedachten Begriffe wird in § 9 der Dissertation als ein doppeltes bezeichnet. Im negativen Sinne (finis elenchticus) dienen sie durch Aufdeckung von Scheinbeweisen der reinlichen Scheidung zwischen sinnlicher und verstandesmässiger Erkenntnis; im positiven Sinne führen sie auf inhaltliche Lehrsätze (finis dogmaticus) der Ontologie und rationalen Psychologie, ja, führen zu einem exemplar aliquod, nonnisi intellectu puro concipiendum et omnium aliorum, quoad realitates mensuram communem, quod est Perfectio Noumenon.

In § 9 der Dissertation strahlt das neue Licht, welches unserm Philosophen nach seinem eigenen Geständnisse im Jahre 1769 aufgegangen ist: jetzt giebt es für ihn wieder eine rationale Theologie, Kosmologie und Psychologie. „Seit einem Jahre" -- so schreibt Kant bei Übersendung seiner Dissertation 1770 an Lambert -- „bin ich zu demjenigen Begriffe gekommen, dadurch alle Art metaphysischer Quästionen nach ganz sicheren und leichten Kriterien geprüft und, wiefern sie auflöslich sind oder nicht, mit Gewissheit kann entschieden werden." Als Empirist hatte Kant gelehrt: es gebe keine realen Begriffe als diejenigen, welche von Sensationen herkommen; Begriffe aus reiner Vernunft, die durch eine willkürliche Verbindung von Merkmalen erzeugt sind, hätten gar keine reale Bedeutung. Im Gegenteil dazu lehrt er jetzt, dass Begriffe, die in keiner Sensation gegeben werden können, dennoch real sind, ja in höheren Grade als die empirischen Begriffe, insofern sie das Objekt rein darstellen, als Begriffe der reinen Vernunft, welche die Dinge geben, wie sie sind. (§ 4).

In § 9 der Dissertation zeigt sich aber andrerseits zugleich der grösste Abstand zwischen den Ansichten Kants im Jahre 1770 und denen von 1781 in der Dialektik, der Kritik der reinen Vernunft dargelegten, wo er die Sätze der rationalen Psychologie und Ontologie als dialektischen Schein nachweist und die Unerkennbarkeit der Dinge an sich behauptet.

Gleichwohl wird von ihm auch nach 1781 die Voraussetzung des usus realis der praktischen Vernunft unerschütterlich festgehalten: bis an sein Lebensende hat er die Moral aus dem usus realis derselben abgeleitet. —

Die kritische Tendenz der Inauguralschrift ist in § 8 derselben bezeichnet: sie hat die Aufgabe, den Unterschied der sinnlichen Erkenntnis von der des Verstandes darzulegen. Hierdurch ebnet sie der Metaphysik den Boden, welche die Grundlagen des Gebrauches des reinen Verstandes enthält.

Der ganze fünfte Abschnitt der Dissertation (§ 23 30) bekämpft die Verfahrungsweise der damaligen Metaphysik, wie sie durch Wolff bearbeitet war, der empirische Data in die rationale Wissenschaft hineintrug, um nutzbares Material für die Bearbeitung jener zu heben. Dem gegenüber ermahnt Kant (§ 24): man sorge, dass die Grundsätze, welche der sinnlichen Erkenntnis eigentümlich sind, nicht ihre Grenzen überschreiten und nicht die Verstandeserkenntnisse anstecken.

Für die Unterscheidung der ächten metaphysischen Sätze von den falschen empfiehlt er die Anwendung folgenden Grundsatzes (§ 25): Wenn von irgend einen Verstandesbegriff etwas allgemein ausgesagt wird, was zu den Beziehungen des Raumes und der Zeit gehört, so kann dies nicht gegenständlich ausgesagt werden und bezeichnet nur die Bedingung, ohne welche der gegebene Begriff nicht sinnlich erkennbar ist. Die nach dem Fehler der Verwechslung (vitium subreptionis) (§ 24) erschlichenen Scheinsätze gruppiert Kant nach drei ihnen zugrunde liegenden erschlichenen Grundsätzen und weist die Unhaltbarkeit der letzteren nach (§ 26—29). Endlich greift er sogar einige von den anerkannten Sätzen der Metaphysik an und zeigt, das sie nicht aus den Dingen selbst entlehnt sind, sondern nur deshalb als metaphysisch gelten, weil ihre Nichtanerkennung die Erkenntnis der Dinge entweder ganz aufheben oder erschweren würde; sie sind nur principia convenientiae und nicht als objektive Formen des Verstandes anzusehen; sie entstammen Beweisgründen, die den Gegenständen entlehnt sind oder der Erkenntnis durch Vernunft und Erfahrung, oder geradezu der Erfahrung oder Gründen vor derselben. Damit bezeugt Kant, der selbst einmal gesteht, dass er das Schicksal habe, in die Metaphysik verliebt zu sein, dass er doch nicht ganz von ihrer absoluten Gültigkeit überzeugt ist, und lässt uns vermuten, dass die Zeit nicht fern ist, wo er nicht mehr lehren wird, dass der Verstand die Dinge erkennt, wie sie an sich sind.

Der Inhalt der Inauguralschrift ist also ein doppelter. Sie lehrt:

1) es giebt apriorische Erkenntnis von Dingen als Erscheinungen durch die apriorischen Gesetze der Sinnlichkeit;

2) es giebt apriorische Erkenntnis von den Dingen an sich durch die apriorischen Gesetze des Verstandes. Dieses doppelte Ergebnis bleibt bestehen trotz der Widersprüche und Unklarheiten der Schrift, auf welche wir am Schluss unserer Arbeit zurückkommen werden.

II.
Die Kritik der reinen Vernunft.
Kapitel 1.
Die Voraussetzung einer rationalen Verstandeserkenntnis wird zweifelhaft und führt zur Fragestellung von 1772, welche das Problem der transcendentalen Deduktion bleibt. Ihre Lösung bedingt durch die Einwirkung von Hume.

Bald nach Veröffentlichung der Inauguralschrift wird dem Verfasser die Voraussetzung einer realen Verstandeserkenntnis (der usus realis des Intellekts) zweifelhaft, was ihn zur Fragestellung von 1772 führt. Über die Veränderung des Standpunktes, den Kant in der Dissertation einnimmt, giebt am besten Aufschluss sein Brief an Marcus Herz vom 21. Februar 1772 (VIII, 688 ff.), dessen Wortlaut, so weit er für die Gedankenentwicklung Kants in Betracht kommt, hier mitgeteilt werden muss. Nachdem Kant in diesem Briefe den mutmasslichen Titel seines neuen Werkes und die Gliederung desselben in einen theoretischen und praktischen Teil erwähnt hat, bekennt er, dass er bei der Ausführung auf Schwierigkeiten gestossen sei und sich die Frage gestellt habe: „Auf welchem Grunde beruht die Beziehung desjenigen, was man in uns Vorstellung nennt, auf den Gegenstand?" „Ich hatte mich in der Dissertation damit begnügt, die Natur der Intellektual-Vorstellungen bloss negativ auszudrücken, dass sie nämlich nicht Modifikationen der Seele durch den Gegenstand wären. Wie aber denn sonst eine Vorstellung, die sich auf einen Gegenstand bezieht, ohne von ihm auf einige Weise affiziert zu sein, möglich, überging ich mit Stillschweigen. Ich hatte gesagt: die sinnlichen Vorstellungen stellen die Dinge dar, wie sie erscheinen, die intellektualen, wie sie sind. Wodurch werden uns denn diese Dinge gegeben, wenn sie es nicht durch die Art werden, womit sie uns affizieren, und wenn solche intellektualen Vorstellungen auf unserer innern Thätigkeit beruhen, woher kommt die Übereinstimmung, die sie mit Gegenständen haben sollen, die doch dadurch nicht etwa hervorgebracht werden, und die Axiomata der reinen Vernunft über diese Gegenstände, woher stimmen sie mit diesen überein, ohne dass diese Übereinstimmung von der Erfahrung hat dürfen Hilfe entnehmen? In der Mathematik geht dieses an, weil die Objekte für uns nur dadurch Grössen sind und als Grössen können vorgestellt werden, dass wir ihre Vorstellungen erzeugen können, indem wir Eines etlichemal nehmen. Daher die Begriffe der Grössen selbstthätig sind und ihre Grundsätze a priori können ausgemacht werden. Allein im Verhältnis der Qualitäten, wie mein Verstand gänzlich a priori sich selbst Begriffe von Dingen bilden soll, mit denen notwendig die Dinge übereinstimmen sollen, wie er reale Grundsätze über ihre Möglichkeit enthalten soll, mit denen die Erfahrung getreu übereinstimmen muss, und die doch von ihr unabhängig sind, diese Frage hinterlässt immer eine Dunkelheit in Ansehung unsers Verstandesvermögens, woher ihm diese Übereinstimmung mit den Dingen selbst komme". (Über den intuitus divinus siehe Vaihinger, Comment. II, 511 und § 10 der Inauguralschrift).

Nachdem Kant hinsichtlich dieser Übereinstimmung die Ansichten von Plato, Malebranche und Crusius als unhaltbar bezeichnet hat, weil in ihnen stets der deus ex machina erscheine, der in der Bestimmung des Ursprungs unserer Erkenntnis das Ungereimteste sei, was man wählen könne, fährt er fort: „Indem ich auf solche Weise die Quellen der intellektuellen Erkenntnis suchte, ohne die man die Natur und die Grenzen der Methaphysik nicht bestimmen kann, brachte ich diese Wissenschaft in wesentlich unterschiedene Abteilungen und suchte die Transcendentalphilosophie, nämlich alle Begriffe der gänzlich reinen Vernunft in eine gewisse Zahl von Kategorien zu bringen, aber nicht wie **Aristoteles**, der sie, wie er sie fand, in seinen Prädikamenten aufs blosse Ungefähr nebeneinander setzte, sondern wie sie sich selbst durch wenige Grundsätze des Verstandes von selbst in Klassen einteilen. Ohne mich nun über die ganze Reihe der bis zum letzten Zweck fortgesetzten Untersuchungen weitläufig hier zu erklären, kann ich sagen, dass es mir, was das Wesentliche meiner Absicht betrifft, gelungen sei, und ich jetzt imstande bin **eine Kritik der reinen Vernunft**, welche die Natur der theoretischen sowohl wie der praktischen Erkenntnis, sofern sie bloss intellektual ist, enthält, vorzulegen, wovon ich den ersten Teil, d. i. die Quellen der Metaphysik, ihre Methode und Grenzen enthält, zuerst und darauf die reinen Prinzipien der Sittenlehre ausarbeiten, und, was den erstern betrifft, binnen etwa drei Monaten herausgeben werde". —

Nach **Kants** eigenen Worten hätte die **Kritik der reinen Vernunft** noch 1772 erscheinen müssen; allein bei der Abfassung derselben wurden ihm erst die Schwierigkeiten klar, welche das Erkenntnisproblem mit sich führt. Im November 1776 schreibt er, dass er noch im nächsten Sommer an seinem Werke zu arbeiten habe. Im August 1778 teilt er mit, dass er an dem Werke, welches ein Handbuch der Metaphysik darstelle, unermüdlich arbeite; erst am 1. Mai 1781 äussert er in einem Briefe an M. Herz, dem er die Kritik der reinen Vernunft zusendet, dass zur Ostermesse sein Buch unter dem Titel: „Kritik der reinen Vernunft" erscheinen werde, und bezeichnet es als den „Ausschlag aller mannigfaltigen Untersuchungen, die von den Begriffen anfingen, welche wir zusammen unter der Benennung des mundi sensibilis und des intelligibilis abdisputierten[1]". (Vgl. Vaihinger, Commentar I, 138 und 152 ff.).

---

[1] **Markus Herz** war einer der vier Opponenten, gegen welche Kant seine Dissertation öffentlich verteidigte.

Die Fragestellung von 1772 „Wie ist Erkenntnis von Gegenstände aus reiner Vernunft möglich?" bleibt auch Problem des zweiten Hauptteils der Kritik der reinen Vernunft, der transscendentalen Logik, insbesondere der Deduktion der reinen Verstandesbegriffe. Die Fragestellung in der Kritik der reinen Vernunft: „Wie sind synthetische Urteile a priori möglich?" stimmt im Wesentlichen mit der früheren überein; denn Urteile a priori sind identisch mit Kenntnissen aus reiner Vernunft, und synthetische Urteile sind Urteile über Gegenstände, wogegen analytische Urteile sich jederzeit auf Begriffe beziehen. Wenn Kant nun die Fragestellung von 1772 nicht beibehält, so erklärt sich das aus dem Einfluss, den Hume auf ihn ausübte und durch den er sich zur Lösung des Problems, wie sie in der Kritik der reinen Vernunft vorliegt, bestimmen liess. Kant selbst äussert sich darüber in der bekannten Stelle der Vorrede zu den Prolegemenen: „Ich gestehe frei: die Erinnerung des David Hume war eben dasjenige, was mir vor vielen Jahren zuerst den dogmatischen Schlummer unterbrach und meinen Untersuchungen im Felde der spekulativen Philosophie eine ganz andere Richtung gab." —

Hume hatte die Apriorität des Kausalbegriffs angegriffen und bewiesen, dass es der Vernunft unmöglich sei, a priori eine Verknüpfung der Ursache und Wirkung zu denken, „denn diese enthält Notwendigkeit; es ist aber gar nicht abzusehen, wie darum, weil etwas ist, etwas anderes notwendigerweise auch sein müsse, und wie sich also der Begriff von einer solchen Verknüpfung a priori einführen lasse." Hieraus schloss er, berichtet Kant, dass die Vernunft sich mit diesem Begriffe ganz und gar betrüge, dass sie ihn fälschlich für ihr eigen Kind halte, da er doch nichts als ein Bastard der Einbildungskraft sei, die, durch Erfahrung beschwängert, gewisse Vorstellungen unter das Gesetz der Association gebracht hat, und eine daraus entspringende Notwendigkeit d. i. Gewohnheit für eine objektive aus Einsicht unterschiebt. Hieraus schloss er, die Vernunft habe gar kein Vermögen, solche Verknüpfungen, auch selbst nur im allgemeinen, zu denken, weil ihre Begriffe alsdann blosse Erdichtungen sein würden, und alle ihre vergeblich a priori bestehenden Erkenntnisse wären nicht als falsch gestempelte gemeine Erfahrungen, was ebensoviel sagt, als, es gäbe keine Metaphysik und könne auch keine geben." —

„Ich versuchte also zuerst" erzählt K a n t, „ob sich nicht H u m e s Einwurf allgemein vorstellen liesse, und fand bald, dass der Begriff der Verknüpfung der Ursache und Wirkung bei weitem nicht der einzige sei, durch den der Verstand a priori sich Verknüpfungen der Dinge denkt, vielmehr, dass Metaphysik ganz und gar daraus bestehe. Ich suchte mich ihrer Zahl zu versichern, und, da dieses mir nach Wunsch, nämlich aus einem einzigen Prinzip gelungen war, so ging ich an die Deduktion dieser Begriffe, von denen ich nunmehr versichert bin, dass sie nicht, wie H u m e besorgt hatte, von der Erfahrung abgeleitet, sondern aus dem reinen Verstande entsprungen seien." — (Über die Bedeutung des Briefes an Herz vom 21. Februar 1772 vgl. Vaihinger, Comment. I, 388).

Was K a n t hier über den Gang seiner Untersuchungen berichtet, hat er in der transscendentalen Analytik des kritischen Hauptwerkes ausgeführt; denn in ihr handelt es sich um eine Zergliederung des reinen Verstandes. Wie in der Dissertation, gilt der Verstand auch hier als oberes Erkenntnisvermögen, als Spontaneität. Die in Raum und Zeit gefasste Empfindung giebt uns den Gegenstand, der die Empfindung hervorruft, noch nicht in unserm Bewusstsein; denn die Vorstellung, welche wir von einem sinnlich gegebenen Gegenstande (z. B. von einem Baume) haben, setzt g e o r d n e t e Empfindungen voraus; es ist also eine Thätigkeit erforderlich, welche die Empfindungen ordnet. Diese Thätigkeit geht aber von uns selbst aus, gehört unserer Spontaneität, unserm Verstande zu, dessen

Wesen eben in der Verknüpfung des Mannigfaltigen besteht. Diese Auffassung des Verstandes bedeutet bei Kant einen Gedankenfortschritt und führt dahin, dass die Thätigkeit des Verstandes nun viel deutlicher gemacht werden kann. Wenn nämlich sein Wesen Synthesis des Mannigfaltigen ist, so giebt es so viel Arten von Kategorien als Arten der Synthesis da sind, und die Kategorien sind die verschiedenen Arten der Synthesis des reinen Verstandes; die Synthesis, allgemein gefasst, ist die Kategorie. In jeder Synthesis ist zu unterscheiden 1) ein empirisch gegebenes Mannigfaltiges und für den Verstand eine Beziehung auf „ein Mannigfaltiges überhaupt"; 2) die That der Verknüpfung, wobei vorausgesetzt wird, dass das Wesen des Verstandes besteht in einer unserm Gemüte eigenen Spontaneität; 3) die Einheit der Synthesis, welche vorausgehen muss überall da, wo ein Mannigfaltiges von uns geordnet wird. Es ist die Einheit des Selbstbewusstseins, oder, wie Leibniz sagt: die Einheit der Apperzeption. Sie ist die conditio sine qua non jeder Analysis. Den Versuch, aus dem Wesen der Synthesis die Kategorien nachzuweisen, macht Kant nicht, sondern beruhigt sich dabei, dass jene durch die Logik vollständig gesichert seien. „Die Synthesis des Mannigfaltigen in einer Anschauung ist keine andere, als die Synthesis verschiedener Vorstellungen in einem Urteil" (105); die Handlungen des Verstandes sind Urteile, und der Verstand selbst ist daher das Vermögen zu urteilen (94). Die Logik als formale Wissenschaft sieht von dem Inhalt der Urteile ab und betrachtet nur die Form derselben, stellt die Urteile nach ihrer formalen Verschiedenheit zusammen und zeigt, dass die Zahl der verschiedenen Urteilsformen derjenigen der Denkformen entspricht. Die reinen Verstandesformen der Urteile gestatten daher die Ableitung der Kategorien (94, 105)." Da sich nun vier einzig mögliche Einteilungsgründe mit je drei untergeordneten Fällen darbieten, so gelangte Kant zur Aufstellung der Tafel seiner zwölf Kategorien, von denen er gegen Aristoteles behauptet, dass sie nicht empirisch und zufällig aufgenommen seien. Es giebt also nach Kant Kategorien der Quantität: Einheit, Vielheit und Allheit; der Qualität: Realität, Negation und Limitation; der Relation: Substanz, Kausalität und Wechselwirkung; der Modalität: Möglichkeit, Dasein und Notwendigkeit.

Nun sind diese Kategorien als Begriffe a priori des reinen Verstandes nicht Bedingungen, unter denen die Gegenstände der Erfahrung gegeben werden müssen; sie gehen nach ihrem Wesen viel weiter als auf sinnliche Anschauung (186), lassen Dinge überhaupt gedacht werden, ohne auf ihre Form der Sinnlichkeit zu achten (309). Kant zeigt daher in der transscendentalen Deduktion des kritischen Hauptwerkes, dass die Beziehung der Kategorien auf die Gegenstände der Sinnlichkeit die Bedeutung des apriori hat und kommt zu dem Ergebnis, dass alle Erscheinungen sich notwendig auf Kategorien beziehen müssen, als solche empirische Objekte unserer Erkenntnis sind, während die Kategorien selbst nur Bedingungen des Denkens einer möglichen Erfahrung sind (236).

Kapitel 2.

In der Vernunftkritik wird der mundus intelligibilis im Sinne der Dissertation festgehalten. Lösung des Freiheitsproblems in der Vernunftkritik.

Diesem Ergebnis zufolge hätte nun für Kant die Unterscheidung zwischen einem mundus intelligibilis und einem mundus sensibilis fortfallen müssen; allein es wird sich zeigen, dass er den mundus intelligibilis durchaus festhält. Dem empirischen Objekte unserer Erkenntnis stellt Kant ein transscendentales entgegen und sieht dieses als dasjenige an, was unsere Erkenntnis auf gewisse Weise a priori bestimmt. Letzteres ist aber früher als Einheit des Bewusstseins bezeichnet worden: es muss daher untersucht werden, welche Beziehung zwischen dieser Bewusstseinseinheit und dem transscendentalen Objekte stattfindet. Kant selbst hat (II, 104) diese Untersuchung geführt, wie folgt. „Die Kategorien sind die Bedingungen des Denkens in einer möglichen Erfahrung; sie beziehen sich aber nur auf die Vorstellungen der Dinge an sich, d. i. auf Erscheinungen. Der Gegenstand (x) ist uns weder durch unsere Anschauung gegeben, noch kann durch eine der Kategorien gedacht werden. Er ist demnach etwas von aller unserer Erkenntnis Unterschiedenes, ist folglich für uns nichts. Unser Gedanke aber von der Beziehung unserer Erkenntnisse auf ihren Gegenstand „führt etwas von Notwendigkeit bei sich, da nämlich dieser als dasjenige angesehen wird, was dawider ist, dass unsere Erkenntnisse nicht aufs Geratewohl oder beliebig, sondern a priori auf gewisse Weise bestimmt sind, weil, indem sie sich auf einen Gegenstand beziehen sollen, sie auch notwendigerweise in Beziehung auf diesen unter einander übereinstimmen, d. i. diejenige Einheit haben müssen, welche den Begriff von einem Gegenstande ausmacht" (II, 105). Aller Notwendigkeit liegt jedoch jederzeit eine Bedingung a priori zugrunde (II, 106). Die Einheit also, welche der Gegenstand notwendig macht, kann nichts anderes sein als die Einheit des Bewusstseins. Der „Begriff dieser Einheit ist also die Vorstellung vom transcendentalen Gegenstande = x", d. h. die Funktionen des Gegenstandes. überhaupt für den Zusammenhang unserer Erkenntnis fallen mit der Funktion der Apperzeption zusammen, können also durch dieselbe ersetzt werden, und müssen dies, weil jener von aller unserer Erkenntnis unterschieden, also für alle unsere Erkenntnis nichts ist. Kant hält hiernach in dem kritischen Hauptwerke noch an der Voraussetzung eines mundus intelligibilis fest, aber die Objekte desselben können durch die Kategorien nicht mehr erkannt werden. Der Gegensatz zwischen der früheren dogmatischen Unterscheidung aller Gegenstände in Phaenomena und Noumena wird sehr deutlich in dem Abschnitt „Von dem Grunde der Unterscheidung aller Gegenstände überhaupt in Phaenomena und Noumena". Nach diesem ist der Begriff des transscendentalen Objektes logisch möglich, was bedeutet, dass das transscendentale Objekt zwar nicht unserer sinnlichen Anschauung zugänglich ist, aber recht wohl einer Anschauung anderer Art zugänglich sein kann (343).

Ferner ist der Begriff des transscendentalen Objekts notwendig, weil durch ihn der Sinnlichkeit eine feste Schranke angewiesen wird (310). Dennoch bleibt jenes Etwas für uns eine unbekannte Grösse, von der wir nach der jetzigen Einrichtung unseres Verstandes nichts wissen können (307 Anm.). Das transscendentale Objekt ist daher nur ein die Sinnlichkeit einschränkender Grenzbegriff (307 Anm.), sogar nur ein problematischer Grenzbegriff, da seine reale Möglichkeit bei Ausschluss der Sinnlichkeit nicht angesehen werden kann (310). Ausserdem kann das transscendentale Objekt als Korrelat der Einheit der Apperzeption zur Einheit des Mannigfaltigen in der sinnlichen Anschauung dienen (307 Anm.). Als solches ist das transscendentale Objekt so wenig wie als Grenzbegriff der Sinnlichkeit ein positiver Gegenstand für den Verstand. Unter der Voraussetzung, dass es zum Gegegebenwerden des Gegenstandes einer anderen Anschauung als unserer sinnlichen bedarf, nennt Kant die Dinge an sich Noumena (309 Anm.). In diesem Sinne ist daher die Einteilung der Objekte in Phaenomena und Noumena unzulässig (311). Nur wenn man das Noumena als das transscendentale Objekt fassen will, es also lediglich problematisch nimmt (312), lediglich zur Einschränkung der Sinnlichkeit braucht (312) und lediglich durch einen reinen Verstand denkt (310), bleibt es zulässig und notwendig. In diesem negativen Sinn aber ist der Begriff des Noumenon nicht der Begriff von einem Objekt, sondern bedeutet lediglich die unvermeidliche, aber nur unbestimmt beantwortete Frage, ob jenseits der Grenzen unserer sinnlichen Erkenntnis noch Platz für andere Dinge als die Erscheinungen übrig bleibe, den wir weder durch mögliche Erfahrung noch durch den reinen Verstand ausfüllen können. Klar sagt dies auch folgender, der Amphibolie der Reflexionsbegriffe entnommene Satz uns: „Der Begriff des Noumenon ist die mit der Einschränkung unserer Sinnlichkeit zusammenhängende Aufgabe, ob es nicht von jener ihrer Anschauung ganz entbundene Gegenstände geben möge; welche Frage nur unbestimmt beantwortet werden kann, nämlich dass, weil die sinnliche Anschauung nicht auf alle Dinge ohne Unterschied geht, für mehr und andere Gegenstände Platz übrig bleibe, sie also nicht schlechthin ableugnet, in Ermangelung eines bestimmten Begriffes aber (da keine Kategorie dazu tauglich ist), auch nicht als Gegenstände für unsern Verstand behauptet werden können" (344).

Kant müsste nach den Ergebnissen der transscendentalen Deduktion unterscheiden: 1) die Dinge an sich, für welche unsere sinnliche Anschauung nicht gilt; 2) die Erscheinungen als Inhalt der unserer Sinnlichkeit unterworfenen Natur; 3) unsere Vorstellungen, d. h. dasjenige, was von den Erscheinungen in unser empirisches Bewusstsein eindringt. Aber sowohl der Unterschied zwischen Erscheinung und Vorstellung von derselben wie auch das Verhältnis zwischen Ding an sich und Erscheinung unterliegt Schwankungen. Ding an sich und Erscheinung werden bald als einander völlig heterogen, bald als einander analog (als zwei Seiten desselben Gegenstandes) gedacht. (Vaihinger, Comment. II, 52 ff.).

Die Veranlassung für Kant, entgegen den Ergebnissen der Deduktion, sich mit der Bestimmung des Dinges an sich abzuquälen, liegt in dem moralischen Interesse, welches die Unterscheidung zwischen Phaenomenon und

Noumenon nicht entbehren kann. Die Lösung des Freiheitsproblems in dem kritischen Hauptwerk und die ethischen Schriften **Kants** geben darüber Aufschluss. Während aber bisher das Verhältnis des Dinges an sich zum **Verstande** in Betracht kam, handelt es sich da um die Beziehung zwischen Ding an sich und der **Vernunft**; denn diese ist nach **Kant Gesetzgeberin auf dem Gebiete des sittlichen Handelns**.

Die **Sinnlichkeit** giebt das Mannigfaltige, das jeder Erkenntnis zugrunde liegt, der **Verstand** bringt dasselbe durch die Synthesis unter Begriffe; die **Vernunft** vereinigt diese Begriffe nach ihren Prinzipien zur Einheit und bewirkt so die absolute Totalität der Erfahrungsreihen. Diese absolute Totalität bedeutet die Totalität des Mannigfaltigen eines Dinges an sich selbst und ist etwas Widersprechendes in Ansehung der Erscheinungen als blossen Vorstellungen, die nur im Progressus, nicht ausser demselben an sich anzutreffen sind. (Nachträge zu **Kants** Kritik der reinen Vernunft. Aus **Kants** Nachlass herausgegeben von B. Erdmann, S. 105).

Die der Vernunft unterstehenden Begriffe, gleichsam ins Unendliche erweiterte Kategorien, nennt Kant bekanntlich nach der Analogie des Platonischen Gebrauchs dies Wortes Ideen. Sie sind also Begriffe, welche die Möglichkeit der Begriffe übersteigen, denen kein kongruierender Gegenstand in den Sinnen gegeben werden kann. Da die Vernunft bei Kant sowohl theoretisch wie praktisch ist, so unterscheidet er theoretische und praktische Ideen. Jene sind ihm Gott, Freiheit und Unsterblichkeit, und sollen sich im kategorischen Imperativ des Sittengesetzes kundgeben; auch zu ihnen darf ein Objekt als Korrelat hinzugedacht werden, ein Vernunftobjekt, dessen Inhalt das durch die Synthesis des Verstandes geordnete Mannigfaltige bildet, das aber zu einer absoluten Totalität ergänzt wird. Der Begriff der Totalität, des Absoluten entsteht aus dem der Vernunft obliegenden

Geschäft des Schliessens, indem sie zu jedem Bedingten die Bedingung aufsucht und in der Reihe der Bedingungen immer weiter vorzuschreiten befiehlt. So ist die Idee einer transscendentalen Freiheit, welche die nicht vollendbare Reihe der Bedingungen in der Kausalbeziehung der Erscheinungen abschliesst, ein natürliches Bedürfnis der Vernunft, den Inhalt der Erfahrung, der stetig bedingt erscheint, wenigstens in der Idee als vollendet anzusehen. Wenn es auch Thatsache ist, dass alle Erscheinungen aus Naturursachen erklärbar sind; so steht doch dieser Thatsache nicht entgegen die Möglichkeit, dem Dinge an sich, welches die zugehörige Erscheinung bestimmt, eine unbedingte Kausalität unter dem Namen der transscendentalen Freiheit beizulegen (IV, 91). Kann man einen solchen Einfluss der Verstandeswesen auf Erscheinungen ohne Widerspruch denken, so wird zwar aller Verknüpfung der Ursache und Wirkung in der Sinnenwelt Naturnotwendigkeit anhängen, dagegen doch derjenigen Ursache, die selbst keine Erscheinung ist, Freiheit zugestanden. Natur also und Freiheit eben demselben Dinge, aber in verschiedener Beziehung, einmal als Erscheinung, das andere Mal als in einem Dinge an sich sich, ohne Widerspruch beigelegt werden können (IV, 91). Anders ausgedrückt — die Dinge an sich müssen, als Ursachen der Erscheinungen, gesetzmässig wirken, also einen Charakter haben, da sonst der Begriff der Ursache verloren gehen würde (507). Das Ding an sich muss demnach einen doppelten Charakter haben, einen' intelligibilen, durch welchen es handelt, verursacht, und einen empirischen, durch den seine Handlungen als Erscheinungen offenbar werden (507). Das Ding an sich ist nichtsinnliche Ursache der Erscheinungen; seine Kausalität ist unabhängig von aller Naturnotwendigkeit, ist frei (569). Das Ding an sich kann seine Wirkungen in der Sinnenwelt von selbst anfangen (569). Weil aber der intelligible Charakter nicht Erscheinung ist, so kann er nicht unmittelbar erkannt, sondern nur gedacht werden (508); er bleibt uns daher gänzlich unbekannt, „ausser sofern er durch den empirischen als sein sinnliches Zeichen angegeben wird" (574). Denn da der intelligible Charakter seiner Definition nach der Ursache des empirischen (574), der letztere also nur die Erscheinung des intelligiblen ist (560), und ein anderer intelligibler Charakter einen andern empirischen geben würde (584), so muss der intelligible Charakter dem empirischen gemäss gedacht werden, sowie wir überhaupt einen transscendentalen Gegenstand den Erscheinungen in Gedanken zugrunde legen müssen, ob wir zwar von ihm, was er an sich selbst sei, nichts wissen (508). (Vgl. B. Erdmann, Kants Kriticismus).

Kant behauptet nun, dass sich auf die transscendentale Idee der Freiheit der praktische Begriff derselben gründe (561).

Das Sollen, so führt er aus, das uns zur Aufstellung praktischer Regeln nötigt, hat eine Art Notwendigkeit an sich, die in der ganzen Natur nicht vorkommt. Daraus folgt, dass unsere Vernunft spontan Handlungen für notwendig erklärt, die mit der Sinnlichkeit nichts zu schaffen haben (575). Demnach wirkt die Vernunft in keiner Zeitfolge; auf sie kann die Kategorie der Kausalität, welche die Zeitfolge nach Regeln bestimmt, nicht angewandt werden (581). Die Vernunft ist somit ein Vermögen, welches eine Erfahrungsreihe von selbst anfängt (580). Somit kann der kosmologische Begriff der Freiheit auf die Vernunft übertragen werden. Der Mensch ist hiernach Glied des mundus intelligibilis und des mundus sensibilis. Jede seiner sittlichen Handlungen trägt zunächst einen empirisch-phänomenalen Charakter; aber jeder müssen auch Ursachen ad infinitum hinzugedacht werden. Unserm intelligibeln Charakter nach sind wir frei. Wir wären ganz frei, wenn wir unsinnliche Wesen wären. Wären wir wie Gott, ein Noumenon, so müsste sich uns das Sittengesetz als ein Naturgesetz darstellen; so aber sind wir den Beunruhigungen der Sinnlichkeit ausgesetzt. Handelnd erkennen wir uns als Glieder des mundus intelligibilis, erkennend nur als Glieder des mundus sensibilis. Wie wir uns durch die Kategorien denkend offenbaren, zeigen wir uns als Glieder des mundus intelligibilis durch Handlungen des sittlichen Wollens. So wird die Ethik Kants metaphysisch begründet. Die Freiheit des Willens erscheint ihm gewährleistet, wie keine andere empirische Thatsache. Mit der Freiheitsidee Kants, einer besondern Art der Gesetzmässigkeit, ergeben sich für den Menschen Zurechnungsfähigkeit und Verantwortlichkeit betreffs seiner Handlungen. Existieren einmal Dinge an sich, so ist es für Kant unzweifelhaft, dass der mundus intelligibilis für uns Gegenstand möglichen Denkens, Grundlage des für uns erkennbaren mundus sensibilis ist. Obwohl wir den Aufbau des mundus intelligibilis nicht zu erkennen vermögen, hält Kant die Voraussetzung desselben doch sowohl in der Kritik der reinen wie auch in der Kritik der praktischen Vernunft fest. Nicht seinen Zusammenhang, sondern seine ethische Bedeutung sollen wir uns klar machen, nämlich dass er eine Reihe von sittlich handelnden Gliedern darstellt. So wird dem Ganzen ein ethischer Schwerpunkt gegeben.

Welchen Wert Kant auf die Voraussetzung eines mundus intelligibilis legt, wurde nach dem Erscheinen der ersten Auflage der Kritik der reinen Vernunft von philosophisch interessierten Köpfen bald bemerkt. Fortentwickelt erscheint der Begriff des mundus intelligibilis in Jakobs „Prüfung der Mendelssohnschen Morgenstunden oder aller spekulativen Beweise für das Dasein Gottes," worin der Verfasser Kant gegen den Vorwurf des Idealismus, wie er von dem Eklekticismus der Zeit aufgefasst war, verteidigt und namentlich die Lehre vom Ding an sich in eigentümlicher Fassung vorträgt. Kant lehre, sagt er, dass wir die Objekte an sich „nach einer notwendigen Idee zum voraus setzen" (33 Anm.), sofern „das unbekannte und für uns nie zu erreichende Objekt nur als Idee dazu diene, das Mannigfaltige in den Erscheinungen in ein Bewusstsein zu bringen und vermittelst der sinnlichen Anschauung solches in den Begriff eines Gegenstandes zu vereinigen (131). Das Etwas also, worauf wir eine jede Erscheinung als auf ihr Objekt beziehen, ist für uns völlig unbekannt, und **gehört bloss zu unserer Form des Denkens**" (132). Man sieht: der Begriff vom Ding an sich ist hier weiter entwickelt als bei Kant, und mit Recht bemerkt Erdmann[1]), dass dies durch Kants Freiheits- und Gotteslehre möglich gemacht ist.

Zusammenfassend bemerken wir, dass der mundus intelligibilis der Inauguralschrift sowohl in der transscendentalen **Analytik** wie auch in der transscendentalen **Dialektik** festgehalten wird. Er ist aber auch Voraussetzung der transscendentalen **Ästhetik**: denn der Nachweis, dass Raum und Zeit reine Anschauungsformen unserer Sinnlichkeit sind, und die Unterscheidung unserer Erkenntnisvermögen in receptive Sinnlichkeit und spontanen Verstand hat nur dann einen Sinn, wenn zugleich die Unterscheidung zwischen den Dingen an sich und den Erscheinungen der Dinge festgehalten wird. —

Wird ein mundus intelligibilis vorausgesetzt, der zu unserm obern Erkenntnisvermögen in Beziehung tritt, so steht dem gegenüber ein mundus sensibilis, dem unser niederes Erkenntnisvermögen, die Sinnlichkeit, entspricht. Wir wollen nun untersuchen, inwiefern letztere in der Kritik der reinen Vernunft im Vergleich zur Inauguralschrift näher bestimmt wird. —

---

[1] B. Erdmann, Kants Kriticismus. S. 118.

Kapitel 3.

Festgehalten wird in der Vernunftkritik ferner die Bestimmung des Wesens der sinnlichen Erkenntnis mit geringen Nüancierungen. (Innerer und äusserer Sinn; Theorie der Selbstaffektion in Auflage II der Vernunftkritik).

In der Kritik der reinen Vernunft wird die Zeit lediglich als ein der Sinnlichkeit angehörendes Element aufgefasst, aber so, dass ihr eine grössere Bedeutung beigemessen wird als dem Raume, da alle Erscheinungen, auch die äussern, als Modifikationen des inneren Sinnes, welcher in der ersten Auflage der Kritik der reinen Vernunft mit dem empirischen Bewusstsein gleichbedeutend ist, vorgestellt werden müssen. Der Raum ist die Form des äussern, die Zeit die des innern Sinnes. Durch den äussern Sinn werden uns äussere Gegenstände, durch den innern Sinn unsere innern Zustände gegeben. Da aber alle Vorstellungen, sie mögen nun äussere Dinge zum Gegenstande haben, oder nicht, doch an sich selbst, als Bestimmungen des Gemüts, zum innern Zustande gehören, so ist die Zeit die formale Bedingung aller Erscheinungen überhaupt, unmittelbar der innern und dadurch mittelbar auch der äussern.

Für Kant ist das den äussern Sinn affizierende Objekt sowohl Erscheinung wie auch Ding an sich. Der Gegenstand des innern Sinnes ist das Ich. Da Kant nun beide Sinne einander koordiniert, so unterscheidet er am Ich ebenfalls das Ich als Erscheinung und das Ich an sich (570) Wohl wird der äussere Sinn von den Gegenständen an sich affiziert und erhält dadurch sein Empfindungsmaterial; dem innern Sinn jedoch fehlt ein solches, da er uns keine Anschauung giebt von der Seele als Objekt (37) Es erhebt sich daher die Frage, auf welche Art dem innern Sinn sein Mannigfaltiges gegeben wird, worüber die Ausführungen Kants in der 1. Auflage der Vernunftkritik nichts entscheiden. Nach Erdmann (Kants

Kriticismus) denkt sich Kant überall da, wo er von dem Gegensatz zwischen Ich als Ding an sich und Ich als Erscheinung handelt, denselben dem Gegensatz zwischen Ding an sich und Erscheinung durchaus analog. Dies sei aber nur möglich, wenn er trotz seiner Abweisung eines selbständigen Mannigfaltigen für den innern Sinn diejenige Lösung dieser Schwierigkeit annahm, die wirklich ein Korrelat der Empfindungen des äussern Sinnes für den innern behauptet. Eine solche Lösung — bemerkt Erdmann — findet sich in der That gerade bei dem Vorgänger Kants, dessen Hauptschrift er in den letzten Jahren vor der Niederschrift seines Werkes eifrig gelesen hat, bei Tetens. (Philosophische Versuche über die menschliche Natur und ihre Entwicklung 1777). Dieser nimmt an, dass jede Modifikation unserer Sinnesorgane mit einer Art von Rückwirkung auf die Seele verbunden sei, wodurch in dieser eine Empfindung verursacht werde. Es entstehe daher eine Empfindung der Aktion auf die äussern Vorstellungen in der Seele selbst auf dieselbe Art, wie von dem äussern Objekt ein Eindruck erzeugt werde. Der Unterschied sei nur der, dass im letzteren Falle die Modifikation von einer äussern Ursache komme, in dem ersteren dagegen „das selbstthätige Prinzip des Denkens, von dem die Seele modificiert wird, in der Seele selbst" liege. Eingehender behandelt Kant die Lehre vom innern Sinn in der 2. Auflage seiner Vernunftkritik, in der Ästhetik (67—69) und in der Deduktion (152—159), und hierauf haben wir genauer einzugehen.

Wenn Kant in der 2. Auflage der Vernunftkritik die Lehre vom innern Sinne ausführlicher entwickelt, so ist das begründet in seinen Bemühungen, sein System gegen den Vorwurf jeglicher Art des Idealismus (den kritischen ausgenommen) zu schützen, gegen den er sich schon in den Prolegomenen gewehrt hatte, ja um überhaupt den Idealismus zu widerlegen. Der innere Sinn galt aber als Stütze des materialen Idealismus, da er als Organ einer intellektuellen Anschauung betrachtet wurde. Diese Auffassung sucht Kant als unhaltbar nachzuweisen. Die Sinne liefern nur Verhältnisvorstellungen; woran diese jedoch haften, sagt der äussere Sinn nicht aus; das wird noch deutlicher an dem innern Sinne. Zunächst bilden die Anschauungen des äussern Sinnes seinen „eigentlichen Stoff, womit wir unser Gemüt besetzen" (67). Sodann bietet er nur Verhältnisse, wie sie der formalen Bedingung gemäss sind, nach welcher sich die innern Wahrnehmungen ordnen Deshalb gerade heisst die innere Anschauung die Form des innern Sinns, „weil sie Nichts als Verhältnisse enthält" (67). Die Form des innern Sinnes bezeichnet Kant als die Art, „wie das Gemüt durch eigene Thätigkeit, nämlich durch Setzen ihrer Vorstellung, mithin durch sich selbst afficiert wird d. i. der innere Sinn seiner Form nach." Das Afficieren ist demnach „eigene Thätigkeit" des innern Sinnes, der also nicht etwa durch den äussern Sinn afficiert wird. Lediglich des Stoffes wegen braucht man keinen innern Sinn anzunehmen; für die räumliche Ordnung des Mannigfaltigen sorgt der äussere Sinn schon; aber für die Gestaltung des Mannigfaltigen, abgesehen von der räumlichen Ordnung, bietet sich der innere Sinn dar. Die Beziehung der Lehre vom innern Sinne zum Idealismus wird offenbar durch den Satz: „Alles, was durch einen Sinn vorgestellt wird, ist sofern jederzeit Erscheinung, und ein innerer Sinn würde also entweder gar nicht eingeräumt werden müssen, oder das Subjekt, welches der Gegenstand desselben ist, würde durch denselben nur als Erscheinung vorgestellt werden können, nicht wie es von sich selbst urteilen würde, wenn seine Anschauung blosse Selbstthätigkeit d. i. intellektuell wäre" (68). Der Sinn des Satzes wendet sich, wie auch der Abschnitt von der „Widerlegung des Idealismus" gegen letztern. Das wird recht deutlich aus einem Satze aus der Kritik des vierten Paralogismus der transscendentalen Psychologie (III. Beilage, S. 371): „Also existieren ebensowohl äussere Dinge als ich selbst existiere, und zwar beide auf das unmittelbare Zeugnis meines Selbstbewusstseins, nur mit dem Unterschiede, dass die Vorstellung meines Selbst, als des denkenden Subjekts, bloss auf den innern, die Vorstellungen aber, welche ausgedehnte Wesen bezeichnen, auch auf den äusseren Sinn bezogen werden. Ich habe in Absicht auf die Wirklichkeit äusserer Gegenstände ebensowenig nötig zu schliessen, als in Ansehung der Wirklichkeit des Gegenstandes meines innern Sinnes, (meiner Gedanken); denn sie sind beiderseitig nichts als Vorstellungen, deren unmittelbare Wahrnehmung zugleich ein genugsamer Beweis ihrer Wirklichkeit ist".

Der Unterschied zwischen der unmittelbaren Wahrnehmung und dem Schliessen ist auch Gegenstand der „Widerlegung des Idealismus" welche das „blosse aber empirisch bestimmte Bewusstsein meines eigenen Daseins betrifft." Diese empirische Bestimmung enthält der innere Sinn. Letzterer findet sich schon bei Locke, hat aber dort einen zweideutigen Sinn, indem er als „reflexion" einen geistigen Vorgang bedeutet, als internal sense dagegen an die sensation zurückfällt. Die Leibniz-Wolffsche Philosophie hatte den innern Sinn zur „intellektualen Anschauung" gemacht; Kant zeigt uns den darin enthaltenen Widerspruch, da die Anschauung nur sinnlich, nicht „intellektual" sein könne. Die Anschauung unseres Selbst ist nur dadurch Anschauung, dass wir das Mannigfaltige, das in ihr gegeben ist, in der Form der Zeit verbinden. „Im Menschen erfordert dies Bewusstsein innere Wahrnehmung von dem Mannigfaltigen, was im Subjekte vorher gegeben wird, und die Art, wie dieses ohne Spontaneität im Gemüte gegeben wird, muss um dieses Unterschiedes willen Sinnlichkeit haben" (69). Suchen wir uns nun deutlich zu machen, wie die Annahme eines innern Sinnes psychologisch zu rechtfertigen ist. Wenn wir uns nur so zu erkennen vermögen, wie wir uns erscheinen, so folgt, dass wir uns gegen uns selbst als leidend verhalten müssen,

d. i. uns nur anschauen können, wie wir innerlich afficiert werden (153). Wir fragen daher mit Kant, wie dies möglich sei, und erhalten von ihm folgende Antwort: „Wenn das Vermögen sich bewusst zu werden das, was im Gemüte liegt, aufsuchen soll, so muss es dasselbe afficieren, und kann allein auf solche Art eine Anschauung seiner selbst hervorbringen, deren Form aber die vorher im Gemüte zugrunde liegt, die Art, wie das Mannigfaltige im Gemüte beisammen ist, in der Vorstellung der Zeit bestimmt; da es sich denn selbst anschaut, nicht wie es sich unmittelbar selbstthätig vorstellen würde, sondern nach der Art, wie es von innen afficiert wird, folglich wie es sich erscheint, nicht wie es ist" (69).

Der Inhalt des innern Sinnes ist demnach eine Mannigfaltigkeit selbständiger Art mit eigener Affektion, die man aber gewöhnlich übersieht, weil man zunächst an das äussere Ding als Ursache der Affektion denkt. **Welches ist nun das innere Ding der Affektion?** „Das transscendentale Objekt, welches den äussern Erscheinungen, imgleichen das, was der innern Anschauung zugrunde liegt, ist weder Materie, noch ein denkend Wesen an sich selbst, sondern ein uns unbekannter Grund der Erscheinungen, die den empirischen Begriff von der ersten sowohl als zweiten Art an die Hand geben". (III. Beilage S. 380). Damit wir uns erkennen, wie wir uns erscheinen, muss zunächst also das Mannigfaltige im Verhältnisse des Nacheinander zusammengehalten werden. Diese negative Bedingung für die Entstehung des Selbstbewusstseins liegt im innern Sinne und heisst Sinnlichkeit. Das afficierende Subjekt ist ein „transscendentales Etwas", das angeschaute Subjekt ist Erscheinung. Der innere Sinn kann aber in dem Mannigfaltigen seiner Wahrnehmungen samt seinem Erscheinungsobjekt nur ein wechselndes Bewusstsein und also nur subjektive „Wahrnehmungsurteile" geben, nicht „Erfahrungsurteile", welche nur unter Mitwirkung der transscendentalen Einheit der Apperception entstehen, dadurch diese „alles in einer Anschauung gegebene Mannigfaltige in einem Begriff von Objekt vereinigt" (139). Die Selbstaffektion ist nun nach Kant diejenige Handlung, welche der Verstand „unter Benennung einer transscendentalen Synthesis der Einbildungskraft" auf das passive Subjekt ausübt, dessen Vermögen er ist (68, 155), indem er das gegebene Mannigfaltige des innern Sinnes nach seinen Gesetzen verknüpft. Die Apperception ist daher unerlässlich. Sie und ihre „synthetische Einheit ist mit dem innern Sinn sogar nicht einerlei, dass jene vielmehr als der Quell aller Verbindung auf das Mannigfaltige der Anschauung überhaupt unter dem Namen der Kategorien vor aller sinnlichen Anschauung auf Objekte überhaupt geht; dagegen der innere Sinn die blosse Form der Anschauung, aber ohne Verbindung des Mannigfaltigen in derselben, mithin noch gar keine bestimmte Anschauung enthält, welche nur durch das Bewusstsein der Bestimmung derselben durch die transscendentale Handlung der Einbildungskraft möglich ist" (154). Das Paradoxe, dass wir von uns selbst afficiert werden können, will Kant heben durch die psychologische Thatsache der Aufmerksamkeit, welche zeige, „dass der Verstand darin jederzeit den innern Sinn bestimme, der Verbindung, die er denke, gemäss, zur innern Anschauung, die dem Mannigfaltigen in der Synthesis des Verstandes korrespondiert. Wie sehr das Gemüt hierdurch gemeiniglich afficiert wird, werde ein jeder in sich wahrnehmen können" (156 Anm.). Das Ergebnis der Selbstaffektion drückt Kant aus wie folgt: „Ich als Intelligenz und denkendes Subjekt erkenne mich selbst als gedachtes Objekt, sofern ich mir noch über dies in der Anschauung gegeben bin, nur gleich andern Phänomenen nicht, wie ich vor dem Verstande bin, sondern wie ich mir erscheine" (155). Da der innere Sinn uns nur als Erscheinung darstellt, erkennen wir uns auch nur als Erscheinung. Dass wir uns aber „Intelligenz" nennen, rührt daher, dass wir das Bewusstsein des Bestimmenden in dem Bewusstsein des

Bestimmens nicht zwar erkennen, aber denken. Um dieses Bestimmende als Objekt zu erkennen, müsste es vor dem Aktus des Bestimmens „gegeben" sein, wie in dem innern Sinne das Bestimmbare gegeben ist; denn dieses ist die unerlässliche Vorbedingung zum Objekte. Das: „Ich denke" drückt den Aktus aus, mein Dasein zu bestimmen" (158 Anmerk. 2). Nach alle dem lässt sich die Konsequenz, welche die Lehre vom innern Sinn für Kants Erkenntnistheorie hat, etwa so ausdrücken. Wenn die Seele soweit sie erkennbares Objekt ist, Gegenstand des innern Sinnes ist, so ist auch die ganze materiale Welt, der Gegenstand des äussern, zugleich Gegenstand des innern Sinnes." Materie bedeutet also nicht eine von dem Gegenstande des innern Sinnes so ganz verschiedene und heterogene Art von Substanzen, sondern nur die Ungleichheit der Erscheinungen von Gegenständen, deren Vorstellungen wir äussere nennen, in Vergleichung mit denen, die wir zum innern Sinn zählen, ob sie gleich eben so wohl bloss zum denkenden Subjekte, als alle übrigen Gedanken gehören, nur dass sie dieses Täuschende an sich haben, dass, da sie Gegenstände im Raume vorstellen, sie sich gleichsam von der Seele ablösen und ausser ihr zu schweben scheinen, da doch selbst der Raum, darin sie angeschaut werden, nichts als eine Vorstellung ist, deren Gegenbild in derselben Qualität gar nicht angetroffen werden kann. Nun ist die Frage nicht mehr von der Gemeinschaft der Seele mit andern bekannten und fremdartigen Substanzen ausser uns, sondern bloss von der Verknüpfung der Vorstellungen des innern Sinnes mit den Modifikationen unserer äussern Sinnlichkeit, und wie diese nach beständigen Gesetzen verknüpft sein mögen, so dass sie in einer Erfahrung zusammenhängen (III. Beilage S. 380). (Vgl. auch H. Cohen, Kants Theorie der Erfahrung. S. 328 ff).

Kapitel 4.

Fortfall des usus realis: Beschränkung des Erkenntnisgebrauchs der Kategorien auf den mundus phaenomenon im Sinne von Hume. Dagegen bleibt als Rest des vorkritischen Dogmatismus die Voraussetzung der Dinge an sich als Gegenstände des reinen Denkens.

Durch die Charakterisierung des mundus intelligibilis und der sinnlichen Erkenntnis, wie beide in der Vernunftkritik im Gegensatz zur Dissertation uns entgegentreten, ist uns zugleich deutlich geworden, dass Kant seiner Auffassung über den Verstandesgebrauch, namentlich über den usus realis in der Vernunftkritik nicht treu bleiben kann, womit denn auch eine Beschränkung des Erkenntnisgebrauchs der Kategorien verbunden ist.

Die Dissertation behauptet, dass der Verstand im usus realis die Dinge an sich erkenne. Wäre Kant zur Zeit der Abfassung der Inauguralschrift schon im Besitze seiner Kategorientafel gewesen, so hätte er von den Kategorien behaupten müssen, dass durch sie Erkenntnis der Dinge an sich zustande komme. Das kritische Hauptwerk Kants gesteht jedoch den Kategorien diese Bedeutung nicht zu, weder in der ersten noch in der zweiten Auflage. Sowohl in dem Abschnitt über „Phänomena und Noumena" wie auch im 2. Abschnitt der transscendentalen Deduktion der reinen Verstandesbegriffe (1. und 2. Auflage) wird der auf die Erfahrung beschränkte Gebrauch der Kategorien aufs Bestimmteste hervorgehoben. In der ersten Auflage schon wird der logische Gebrauch des Verstandes vom empirischen streng unterschieden. „Das Denken - heisst es - - ist die Handlung, gegebene Anschauung auf einen Gegenstand zu beziehen." Fehlt nun jede Anschauung des Gegenstandes, so ist letzterer transscendental, und der Verstandesbegriff „hat dann nur einen transscendentalen Gebrauch." Es kann sich für ein transscendentales Objekt nur um die Anwendung der reinen Kategorien handeln, da bei diesen von aller sinnlichen Anschauung, „der einzigen, die uns möglich ist", abgesehen wird. Durch den Gebrauch der reinen Kategorie kann aber für uns keine Erkenntnis gewonnen werden; denn das Zustandekommen dieser setzt einen gegebenen Gegenstand voraus, der unter den Verstandesbegriff subsumiert werden kann. „Der bloss transscendentale Gebrauch der Kategorien ist in der That gar kein Gebrauch und hat keinen bestimmten oder auch nur der Form nach bestimmbaren Gegenstand" (305). In der 2. Auflage der Vernunftkritik wird der Gedanke, dass der reine Gebrauch der Kategorien zwar logisch möglich, für unser Erkennen aber bedeutungslos sei, nicht nur beibehalten sondern noch nachdrücklicher eingeschärft. „Die Kategorien gründen sich ihrem Ursprunge nach nicht auf Sinnlichkeit, wie die Anschauungsformen Raum und Zeit, scheinen also eine über alle Gegenstände der Sinne erweiterte Anwendung zu verstatten. Allein sie sind ihrerseits wiederum nichts als Gedankenformen, die bloss das logische Vermögen enthalten, das mannigfaltige in der Anschauung Gegebene in ein Bewusstsein a priori zu vereinigen, und da können sie, wenn man ihnen die uns allein mögliche Anschauung wegnimmt, noch weniger Bedeutung haben, als jene reinen, sinnlichen Formen, durch die doch wenigstens ein Objekt gegeben wird, anstatt dass eine unserm Verstande eigene Verbindungsart des Mannigfaltigen, wenn diejenige Anschauung, darin dieses allein gegeben werden kann, nicht hinzukommt, gar nichts bedeutet" (306).

Die transscendentale Deduktion unterscheidet schon in der ersten Auflage Denken und Erkennen, indem sie hervorhebt, dass Erkenntnis ohne das Zusammenwirken von Verstand und Sinnlichkeit nicht zustande komme. „Ohne Sinnlichkeit würde uns kein Gegenstand gegeben, und ohne Verstand keiner gedacht werden können. Gedanken ohne Inhalt sind leer, Anschauungen ohne Begriffe sind blind" (70).

In der zweiten Auflage wird der Unterschied zwischen Denken und Erkennen noch stärker hervorgehoben, schon im Vorwort, besonders aber in der Deduktion. Denkbar ist jede Vorstellung, die sich nicht selbst widerspricht (XXVI Anm., XXVIII, 145). Erkennbar ist ein Gegenstand erst, wenn seine reale Möglichkeit oder objektive Gültigkeit dargethan ist (XXVI Anm.). „Zur Erkenntnis gehören nämlich zwei Stücke: erstlich der Begriff, dadurch überhaupt ein Gegenstand gedacht wird (die Kategorie), und zweitens die Anschauung, dadurch er gegeben wird. Die Anschauung, die unsern Begriffen „allein Sinn und Bedeutung verschaffen kann", ist die „empirische Anschauung" (§ 22, 23). Diese Beschränkung auf empirische Anschauung gilt allerdings, wie uns das Vorwort belehrt, nur für die theoretische Vernunft, sofern das Mehrere, das zu dem logisch möglichen Begriff hinzukommen muss, um den Gegenstand desselben real möglich zu machen, auch in praktischen Erkenntnisquellen liegen kann, also für die Realität ausser dem Zeugnis der Erfahrung aus der Wirklichkeit des Gegenstandes auch ein „Beweis a priori durch Vernunft" zulässig ist (XXVI Anm.). (B. Erdmann, Kants Kriticismus 195). Wenn wir nun zur Erkenntnis eines von uns verschiedenen Objekts ausser dem Denken eines Objekts noch einer Anschauung bedürfen, letztere aber uns nicht gegeben wird, so folgt, dass jene Dinge für uns unerkennbar sind.

Deutlicher wird diese Thatsache, wenn man einmal annimmt, dass ein Objekt einer nicht sinnlichen Anschauung gegeben sei. Dann „kann man es freilich durch alle die Prädikate vorstellen, die schon in der Voraussetzung liegen, dass ihm nichts zur sinnlichen Anschauung Gehöriges zukomme, also dass es nicht ausgedehnt oder im Raume sei, dass die Dauer desselben keine Zeit sei, dass in ihm keine Veränderung angetroffen werde u. s. w. Allein das ist doch keine eigentliche Erkenntnis, wenn ich bloss anzeige, wie die Anschauung des Objekts nicht sei; denn alsdann habe ich gar nicht die Möglichkeit eines Objekts zu meinem reinen Verstandesbegriff vorgestellt, weil ich keine Anschauung habe geben können, die ihm korrespondierte, sondern nur sagen konnte, dass die unsrige nicht für ihn gelte" (149). Ja, Kant geht so weit, dass er die Möglichkeit des Gebrauchs der Kategorien in diesem Falle verneint. „Aber das Vornehmste ist hier, dass auf ein solches Etwas auch nicht einmal eine einzige Kategorie angewandt werden könnte" (149). Die Form der Anschauung, welche uns Menschen eigen ist, heisst die empirische und bezieht sich auf das, „was in Raum und Zeit unmittelbar als wirklich, durch Empfindung vorgestellt wird" (147). „Die Kategorien liefern uns vermittelst der Anschauung keine Kenntnis von Dingen als nur durch ihre mögliche Anwendung auf empirische Anschauung, d. i. sie dienen nur zur Möglichkeit empirischer Erkenntnis. Diese aber heisst Erfahrung. Folglich haben die Kategorien keinen andern Gebrauch zur Erkenntnis der Dinge, als nur, sofern diese als Gegenstände möglicher Erfahrung angenommen werden" (147, 148).

Der usus realis im Sinne der Dissertation ist also in der Vernunftkritik aufgegeben; der Verstand erkennt die Dinge nicht mehr wie sie sind, sondern wie sie erscheinen. In der Dissertation finden sich allerdings Stellen, aus denen hervorgeht, dass Kant schon damals dem Resultat der Vernunftkritik nicht fern stand. So heisst es z. B. § 10: „Der Mensch hat keine Anschauung des Intelligibeln, sondern nur eine symbolische Erkenntnis durch allgemeine Begriffe in abstracto, nicht durch Einzelbegriffe in concreto. Alle Materie ist nur durch die Sinne gegeben; da das Intelligibele als solches durch sinnliche Vorstellungen nicht begriffen werden kann, deshalb ist der intellektuelle Begriff als solcher ohne alle data der menschlichen Erfahrung". — § 25: „Was überhaupt nicht durch irgend eine Art von Anschauung erkannt werden kann, das ist auch nicht denkbar und also unmöglich". Nach § 28

„soll man nicht alles für möglich halten, was sich nicht selbst widerspricht, sondern vielmehr keine Grundkraft (vis originaria) als möglich annehmen, als wenn sie durch Erfahrung gegeben ist". In der Anmerkung zu § 27 heisst es: „Nach den Gesetzen der menschlichen Seele giebt es keine Anschauung eines Dinges, das nicht in Raum und Zeit enthalten wäre".

Gleichwohl bleibt die Behauptung der Dissertation, dass der reine Verstand die Dinge a priori erkennt, wie sie an sich sind. Auf die Widersprüche und Unklarheiten in der Dissertation werden wir am Schluss unserer Arbeit zurückkommen. —

Vermögen wir nun aber die Dinge an sich nicht zu erkennen, so bleibt dem Verstande doch die Fähigkeit, sie zu denken. „Denn sonst würde der ungereimte Satz folgen, dass Erscheinung ohne etwas wäre, was da erscheint". Das Denken eines Begriffs ist uns unverwehrt, vorausgesetzt, dass das Gedachte möglich ist, wenn sich auch kein korrespondierendes Objekt dafür nachweisen lässt. Letzteres „braucht nicht in theoretischen Erkenntnisquellen gesucht zu werden, es kann auch in praktischen liegen". Die Voraussetzung des Denkens der Dinge an sich ist daher Vorbedingung einer allgemein gültigen Moral. Diese setzt nämlich „Freiheit als Eigenschaft unsers Willens voraus, indem sie praktische, in unserer Vernunft liegende Grundsätze als data derselben a priori anführt, die ohne Voranssetzung der Freiheit schlechterdings unmöglich wären". Es fragt sich nun, ob Kausalität durch Freiheit vorausgesetzt werden darf, genauer gesagt, ob neben ihr noch Naturnotwendigkeit Platz hat. Beide können nur neben einander bestehen, wenn das Objekt, hier die Seele, in zweierlei Bedeutung genommen wird, als Erscheinung und Ding an sich. Als Erscheinung genommen, ist die Seele mit ihrem Willen der Naturnotwendigkeit unterworfen, als Ding an sich ist sie frei. Obgleich ich nun die freie Seele nicht zu erkennen vermag, darf ich mir doch ihre Freiheit ohne Widerspruch vorstellen (XXVIII). Aber auch nur um die Denkbarkeit der Kausalität durch Freiheit handelt es sich für den kritischen Philosophen, der längst erkannt hat, dass jede Erweiterung der Erkenntnis über die Erfahrung hinaus unmöglich ist. „So behauptet die Lehre von der Sittlichkeit ihren Platz und die Naturlehre auch den ihrigen, welches aber nicht stattgefunden hätte, wenn nicht die Kritik uns zuvor von unserer unvermeidlichen Unwissenheit in Ansehung der Dinge an sich selbst belehrt und alles, was wir theoretisch erkennen können, auf blosse Erscheinungen eingeschränkt hätte".

Was vom Vernunftbegriff der Freiheit gilt, trifft auch zu für die Gottes- und Unsterblichkeitsidee, welche nicht angenommen werden dürfen, wenn man der spekulativen Vernunft das Erkennen abspricht, welche aber zulässig sind, wenn man darunter ein Erkennen versteht. „Ich musste das Wissen aufheben". — sagt Kant — „um zum Glauben Platz zu bekommen". — So viel über den Zusammenhang zwischen Kausalität durch Freiheit und Moral, welchen Kant in der „Grundlegung zur Metaphysik der Sitten" besonders stark hervorhebt.

Kapitel 5.
Ablehnung der rationalistischen Konsequenzen der vom Dogmatismus behaupteten Erkennbarkeit des mundus intelligibilis auf Grund des Feshaltens der Voraussetzungen des Rationalismus.

Die Idee der Freiheit, von welcher oben die Rede war, ist weder Gegenstand unserer Sinnlichkeit noch unsers Verstandes, sondern der Vernunft, welche überhaupt das Organ für die Erfassung des Transscendenten bildet. Um die Polemik Kants gegen die dogmatische Metaphysik seiner Zeit zu verstehen, thun wir gut, wenn wir kurz die Aufgabe der Vernunft auf dem Gebiet der Erkenntnistheorie charakterisieren.

Die durch die Sinnlichkeit ermöglichten Wahrnehmungen werden durch die Kategorien zur Einheit des Verstandes verknüpft, wodurch überhaupt erst Erfahrung entsteht, deren Vorhandensein wir dann durch Urteilsfällung bezeugen. Nun liegt in uns der Drang, diese Urteile unter eine höhere Einheit zu bringen, unter eine Idee, welche durch die Vernunft als das Vermögen der Ideen ermöglicht wird. Der Verstandesbegriff drückt stets nur B e d i n g t e s , der Vernunftbegriff (Idee) U n b e d i n g t e s aus. Wie wir vom Bedingten zum Unbedingten geführt werden, sucht K a n t uns am Wesen des Syllogismus zu erläutern. Im Schluss wird das im Schlusssatz ausgesprochene Urteil aus dem Obersatz abgeleitet. Die Giltigkeit des Obersatzes aber ist selbst wieder eine bedingte. Sucht nun die Vernunft zu jedem Bedingten wieder die Bedingung auf und schreitet in der Reihe der Bedingungen immer weiter, so handelt sie unter der Idee „der Totalität der Bedingungen", die nicht einen in der Erfahrung gegebenen Gegenstand, sondern nur die M a x i m e b e d e u t e t , niemals bei einer Bedingung als der l e t z t e n stehen zu bleiben, sondern die Nachforschung w e i t e r a u s z u d e h n e n . Die Idee des Unbedingten oder die Vollständigkeit der Bedingungen ist eine A u f g a b e , die wir nie erreichen, der wir uns aber beständig annähern sollen. Die Kategorien und Verstandesgrundsätze bringen unsere Erfahrung zustande, erweitern sie, sind demnach k o n s t i t u t i v , die Ideen sollen unsern Verstand nur leiten, ihm für den Zusammenhang der Erkenntnis heilsame Richtung geben, nicht aber über die wirkliche Beschaffenheit der Dinge belehren; sie sind nur r e g u l a t i v . Die Erkenntnisse sollen so geordnet werden, als ob es ein oberstes Prinzip gäbe, und nach diesem hinzustreben ist Aufgabe der Wissenschaft.

Hält man aber die Vernunftbegriffe für konstitutiv, verwechselt also Denken und Dasein, so wird das Ding an sich in etwas Gegebenes verwandelt.

Hält man sich nun für berechtigt, die Dinge an sich, nicht bloss die Erscheinungen anzuschauen, so darf man auch die Erfahrung überschreiten und Sätze über das Übersinnliche überhaupt aufstellen. „Der transscendente Gebrauch der Ideen an Stelle des bloss erlaubten immanenten ist also die Veranlassung, die transscendente Anwendung der Kategorien das Mittel, zu einer Metaphysik des Übersinnlichen zu gelangen." Hiedurch entsteht aber der Irrtum, welchen Kant als „transscendentalen Schein" bezeichnet. — Diesem Irrtum huldigte die dogmatische Metaphysik der damaligen Zeit. Sie schloss aus der Thatsache, dass das Bedingte gegeben ist, auf das Gegebensein der Bedingungen desselben. Logisch genommen ist dieser Schluss unanfechtbar, aber darum noch nicht stichhaltig bezüglich der Anwendung auf Objekte. Während nämlich der Begriff des Bedingten sich nur auf Erscheinungen bezieht, geht der Begriff der unbedingten Bedingung auf ein Ding an sich. Die Metaphysik behauptete nun, dass mit dem Bedingten auch das Unbedingte gegeben sei. Das Bedingte sei als Erscheinung gegeben, also sei auch das Unbedingte als Ding an sich gegeben. Kant wies zuerst nach, dass hier ein Trugschluss vorliege, insofern als der Mittelbegriff (das Bedingte) im Obersatze das Ding überhaupt, im Untersatz bloss das Ding als Erscheinung ist. Hier hat mithin eine quaternio terminorum statt. „Das sie statt hat, konnte jedoch erst die kritische Philosophie entdecken durch Unterscheidung vom Ding an sich und Erscheinung, und diese kann auch die Lösung hinzufügen." Ist Bedingtes gegeben, so giebt es ebenfalls Unbedingtes, aber bloss als Idee d. h. als Gedankending. Die Reihe der Bedingungen ist uns nicht gegeben, sondern aufgegeben".

Rationale Psychologie, Kosmologie, Theologie und Ontologie sind nun die Teile des stolzen Lehrgebäudes der Wolff'schen Metaphysik, mit deren Kritik sich Kant beschäftigt, indem er ihre Unhaltbarkeit und die Erschleichungen, die sie sich in allen ihren Teilen zuschulden kommen lässt, genau darlegt. Freilich hat Kant seine Darstellung der rationalen Psychologie nicht direkt aus Wolffs Psychologiae rationalis prolegomena entlehnt, sondern, wie J. B. Meyer (Kants Ansicht über die Psychologie als Wissenschaft) ausführt, aus M. Knutzen (Philosophische Abhandlung von der immateriellen Natur der Seele u. s. w.), aus H. S. Reimarus (die vornehmsten Wahrheiten der natürlichen Religion) und aus M. Mendelssohn's „Phädon" entnommen, in welchen Schriften die psychologische Deduktion des Wesens der Seele aus der Einheit des Selbstbewusstseins, welche Kant als Beweisführung der rationalen Psychologie kritisiert, sich durchweg findet. Aber auch bei Wolff bildet der Vernunftschluss aus der Einheit des Bewusstseins auf die substantiell einfache, einheitliche Wesenheit der Seele den Kern der rationalen Psychologie. Nach dem Vorgang Wolffs war es üblich geworden, in der Psychologie die rationale und die empirische Seite derselben als zwei besondere Disciplinen zu betrachten; die rationale soll es zu thun haben mit dem Ich als denkendem Subjekt, letztere mit dem Ich als Objekt der Wahrnehmung des innern Sinnes.

„Ich als ein denkendes Wesen" — sagt Kant (402) — „bedeutet den Gegenstand der Psychologie, welche die rationale Seelenlehre heissen kann, wenn ich von der Seele nichts weiter zu wissen verlange, als was unabhängig von aller Erfahrung aus diesem Begriff Ich, sofern er bei allem Denken vorkommt, geschlossen werden kann. Die rationale Seelenlehre ist nun wirklich ein Unterfangen von dieser Art; denn wenn das mindeste Empirische meines Denkens, irgend eine besondere Wahrnehmung meines innern Zustandes, noch unter die Erkenntnisgründe dieser Wissenschaft gemischt würde, so wäre sie nicht mehr rationale, sondern empirische Seelenlehre. Wir haben also eine angebliche Wissenschaft vor uns, welche auf den einzigen Satz: „Ich denke" erbaut worden. Man darf sich daran nicht stossen, dass ich doch an diesem Satze, der die Wahrnehmung meiner selbst ausdrückt, eine innere Erfahrung habe, und mithin die rationale Seelenlehre, welche darauf erbaut wird, niemals rein, sondern zum Teil auf ein empirisches Prinzip gegründet sei. Denn diese innere Wahrnehmung ist nichts weiter als die blosse Apperception: „Ich denke". — Die in dieser Apperception liegende Einheit des Bewusstseins ist Voraussetzung, nicht Folge der Erfahrung und gehört daher nicht zur Erfahrung.

Wenn nun Kant in der Architektonik der reinen Vernunft (876) den Satz: „Ich denke" eine empirische innere Vorstellung nennt, so wird der Grund davon in einer Stelle in der zweiten Auflage der Vernunftkritik (422 Anmerk.) mit folgenden Worten angegeben: „Es ist zu merken, dass, wenn ich den Satz: „Ich denke" einen empirischen genannt habe, ich dadurch nicht sagen will, das Ich in diesem Satze sei eine empirische Vorstellung, vielmehr ist sie rein intellektuell, weil sie zum Denken überhaupt gehört. Allein ohne irgend eine empirische Vorstellung, die den Stoff zum Denken abgiebt, würde der Aktus „Ich denke" doch nicht stattfinden, und das Empirische ist nur die Bedingung der Anwendung oder des Gebrauchs des reinen intellektuellen Vermögens".

Mit diesem reinen Ich allein soll es die rationale Psychologie zu haben; des Satz: Ich denke ist der „alleinige Text der rationalen Psychologie", aus welchem sie ihre ganze Weisheit auswickeln soll. Sie folgert nun aus der Einheit des Selbstbewusstseins, dass die Seele eine ihrer Qualität nach einfache, der Dauer ihrer Existenz nach identische, und im Verhältnis zu möglichen

Gegenständen im Raume befindliche Substanz sein muss. — Gegen diese Folgerung hebt Kant hervor, dass sie auf Trugschlüssen beruht, indem wir die logische Einfachheit, Einheit und Selbständigkeit des Gedankens für eine Einfachheit, Einheit und Selbständigkeit des denkenden Wesens nehmen. Wir gewinnen nur eine **vermeintlich neue** Einsicht, indem wir das ständige logische Subjekt des Denkens für den Gegenstand der Erkenntnis des realen Subjekts der Inhärenz ausgeben, von welchem wir nicht die mindeste Kenntnis haben, noch haben können. Wir halten irrtümlich die Einfachheit der Vorstellung von einem Subjekt für eine Erkenntnis von der Einfachheit des Subjekts selbst, wir nehmen ebenso irrtümlich die Identität des Bewusstseins selbst in verschiedenen Zeiten, die bloss logische Identität des Ich, die nur eine formale Bedingung unserer Gedanken ist, für eine numerische Identität des denkenden Subjekts. Es wird somit durch die Analysis des Bewusstseins meiner selbst im Denken überhaupt in Ansehung der Erkenntnis meiner Selbst als Objekt nicht das Mindeste gewonnen. Die logische Erörterung des Denkens überhaupt in der rationalen Psychologie wird fälschlich für eine metaphysische Bestimmung des Objekts gehalten. Die Verurteilung der rationalen Psychologie als Wissenschaft lässt sich auch aus zahlreichen Stellen der Vernunftkritik und der Prolegomenen belegen (421). (III, 382). (876).

Denselben Gedanken hält Kant fest in der Vorrede zu den „Metaphysischen Anfangsgründen der Naturwissenschaft" (1786) und wiederholt ihn in der „Kritik der Urteilskraft" (1790) und ein Jahr darauf in der Preisschrift „über die Fortschritte der Metaphysik seit Wolff und Leibniz".

Gleichwohl verkennt Kant den hohen Nutzen der psychologischen Idee nicht. „Aus einer solchen psychologischen Idee kann nun nichts anderes als Vorteil entspringen, wenn man sich nur hütet, sie für etwas mehr als blosse Idee, d. i. bloss relativisch auf den systematischen

Vernunftgebrauch in Ansehung der Erscheinungen unserer Seele, gelten zu lassen. Denn da mengen sich keine empirischen Gesetze körperlicher Erscheinungen, die ganz von anderer Art sind, in die Erklärungen dessen, was bloss für den innern Sinn gehört; da werden keine windigen Hypothesen von Erzeugung, Zerstörung und Palingenesie der Seelen u. s. w. zugelassen; also die Betrachtung dieses Gegenstandes des innern Sinnes ganz rein und unvermengt mit ungleichartigen Eigenschaften angestellt, überdies die Vernunftuntersuchungen darauf gerichtet, die Erklärungsgründe in diesem Subjekte, so weit es möglich ist, auf ein einziges Princip hin auszuführen, welches alles durch ein solches Schema, als ob es ein wirkliches Wesen wäre, am besten, ja sogar einzig und allein, bewirkt wird. Die psychologische Idee kann auch nichts anders als das Schema eines regulativen Begriffs bedeuten" (712). — Es bleibt noch die empirische Psychologie übrig, deren Gegenstand nach Kants Beurteilung die Erscheinunng des innern Sinns sein soll. Aber auch dieser spricht er jede wissenschaftliche Zukunft ab. „Psychologisch beobachten, mithin Stoff zu künftigen systematisch zu verbindenden Erfahrungsregeln sammeln ist wohl die einzige wahre Obligenheit der empirischen Psychologie, welche schwerlich jemals auf den Rang einer philosophischen Wissenschaft wird Anspruch machen können." Aber trotz dieses absprechenden Urteils zeigt sich Kant in der Architektonik der reinen Vernunft bemüht, auch der empirischen Psychologie ihren Platz zu sichern. „Sie kommt dahin, wo die eigentliche empirische Naturlehre hingestellt werden muss, nämlich auf die Seite der angewandten Philosophie, zu welcher die reine Philosophie die Principien a priori enthält, die also mit jener zwar verbunden, aber nicht vermischt werden muss. Also muss empirische Psychologie aus der Metaphysik gänzlich verbannt sein und ist schon durch die Idee derselben davon gänzlich ausgeschlossen. Gleichwohl wird man ihr nach dem Schulgebrauch doch noch immer ein Plätzchen darin verstatten müssen, und zwar aus ökonomischen Beweg-ursachen, weil sie noch nicht so reich ist, dass sie allein ein Studium ausmachen, und doch zu wichtig, als dass man sie ganz ausstossen oder anderwärts anheften sollte, wo sie noch weniger Verwandtschaft als in der Metaphysik antreffen dürfte. Es ist also bloss ein so lange aufgenommener Fremdling, dem man auf einige Zeit einen Aufenthalt vergönnt, bis er in einer ausführlichen Anthropologie (dem Pendant zu der empirischen Naturlehre) seine eigene Behausung wird beziehen können."

Einerseits wird der empirischen Psychologie die Möglichkeit zu einer wissenschaftlichen Entwickelung abgesprochen, andererseits ihre Notwendigkeit hervorgehoben; wodurch ein Widerspruch entsteht, über den J. B. Meyer in der bereits genannten Schrift Klarheit zu schaffen sucht. Wenden wir uns nun zu der Kritik, welche die rationale Kosmologie durch Kant erfährt. Seitdem die Weltansicht des Ptolemäus von der des Kopernikus besiegt war, trat an die Stelle einer sich umdrehenden Kugel eine unendliche Zahl von Welten. Diese neue Theorie wurde durch G. Bruno, Galilei, Keppler und Newton zur Geltung gebracht. Nun drängten sich Fragen auf, z. B. ob die Welt endlich oder unendlich, ewig oder entstanden sei, ob sie untergehen könne oder nicht u. s. w. Seit Leibniz und Wolff wurde den kosmologischen Fragen besondere Aufmerksamkeit gewidmet. Ihre Auffassung des Kosmos teilte Kant im ganzen genommen noch 1770. In der Vernunftkritik trifft das nicht mehr zu, was die folgenden Darlegungen zeigen sollen.

Das Unbedingte, zu welchem die Vernunft emporstrebt, ohne es erreichen zu können, kann man sich nun gedenken entweder als bloss in der ganzen Reihe bestehend, in der also alle Glieder ohne Ausnahme bedingt und nur das Ganze derselben schlechthin unbedingt wäre, und dann heisst der Regressus unendlich; oder das absolut Unbedingte ist nur ein Teil der Reihe, dem die übrigen Glieder derselben untergeordnet sind, der selbst aber unter keiner andern Bedingung steht. In dem ersteren Falle ist die Reihe a parte priori ohne Grenzen (ohne Anfang), d. i. unendlich, und gleichwohl ganz gegeben; der Regressus in ihr aber ist niemals vollendet, und kann nur potentialiter unendlich genannt werden. Im zweiten Falle giebt es ein Erstes der Reihe, welches in Ansehung der verflossenen Zeit der **Weltanfang**, in Ansehung des Raumes die **Weltgrenze**, in Ansehung der Teile eines in seinen Grenzen gegebenen Ganzen das **Einfache**, in Ansehung der Ursachen die absolute **Selbstthätigkeit** (**Freiheit**), in Ansehung des Daseins veränderlicher Dinge die absolute **Naturnotwendigkeit** heisst." (446).

„Welt" bedeutet für Kant das mathematische Ganze aller Erscheinungen und die Totalität ihrer Synthesis im grossen sowohl als im kleinen d. i. sowohl in dem Fortschritt derselben durch Zusammensetzung als durch Teilung. — Eben dieselbe Welt wird von Kant „Natur" genannt, sofern sie als ein **dynamisches** Ganze betrachtet wird, und man nicht auf die Aggregation im Raume oder der Zeit, sondern auf die Einheit im Dasein der Erscheinungen sieht. Die Bedingung von dem, was geschieht, heisst Ursache, die unbedingte Kausalität der Ursache in der Erscheinung die Freiheit, die bedingte dagegen heisst im engern Verstande Naturursache. Das Bedingte im Dasein heisst **zufällig**, das Unbedingte **notwendig**. Die unbedingte Notwendigkeit der **Erscheinungen Naturnotwendigkeit**" (447).

„Kosmologische Ideen" sind für Kant solche, welche sich auf das Unbedingte unter den Erscheinungen richten, auf die Vollständigkeit der Synthesis hinweisen und letztere, wenn auch nur auf die Sinnenwelt beziehend, doch auf einen Grad treiben, der alle mögliche Erfahrung übersteigt.

Im Folgenden handelt es sich darum, die Konsequenzen vom Missbrauch solcher Ideen nachzuweisen, welcher entsteht, wenn unsere Vernunft über die Grenze

Erfahrung hinausgehend erkennen will, wodurch dann „vernünftelnde Lehrsätze entspringen, die in der Erfahrung weder Bestätigung hoffen, noch Widerlegung fürchten dürfen, und deren jeder nicht allein an sich selbst ohne Widerspruch ist, sondern sogar in der Natur der Vernunft Bedingungen seiner Notwendigkeit antrifft, nur dass unglücklicherweise der Gegenstand ebenso giltige und notwendige Gründe der Behauptung auf seiner Seite hat" (449).

Solcher „vernünftelnden" Lehrsäze unterscheidet Kant inbezug auf die rationale Kosmologie vier; er sagt, dass wir unter Voraussetzung der Erkenntnis der Dinge an sich zu vier Antinomien gelangen, in deren jeder je zwei einander widersprechende Behauptungen, die eine so gut wie die andre, beweisbar sind. Jede Antomie besteht aus These und Antithese. Für beide werden zunächst Beweise gegeben, worauf dann eben diese Beweise als Scheinbeweise dargelegt worden, weil sie von der falschen Voraussetzung ausgehen, dass die Gegenstände unserer kosmologischen Erkenntnis die Dinge an sich sind. **Erste Antinomie: Die Welt ist nach Raum und Zeit begrenzt; die Welt ist nach Raum und Zeit unendlich. Zweite Antinomie: Die Substanzen der Welt bestehen aus einfachen Substanzen. Es giebt überhaupt nichts Einfaches als Grundlage der Substanz der Welt.**

Die Lösung beider Antinomien geschieht in gleicher Weise. Die Welt ist nicht erkennbar als Inbegriff der Dinge an sich, sondern als Inbegriff der Erscheinungen. Die Idee der Welt beruht auf nichts anderm als auf den bis ins Unendliche erweiterten Kategorien, welche die Synthesis bis ins Unendliche fortführt, was nur möglich ist unter der Voraussetzung, dass uns die Totalität der Bedingungen aufgegeben sei. Wir dürfen daher nur sagen, dass in der Synthese von Zeit und Raum nirgends ein Punkt ist, der ein weiteres Fortschreiten hindert. Die Idee des unendlichen Raumes und der Zeit wird von uns nur realisiert durch eine Synthesis in indefinitum: wir sollen die Welt als Inbegriff der Erscheinungen so ansehen, dass wir nirgends auf irgend welche Grenzen der Unendlichkeit stossen, weder beim Raum noch bei der Zeit. Bei jedem noch so kleinen Teile der Materie ist eine weitere Teilung möglich. Wir können vernunftmässig nicht erwarten, dass wir bei der Teilung der Erscheinungen bei einem Unteilbaren ankommen. Thesis wie Antithesis, beide sind in gleicher Weise falsch, weil die Voraussetzung falsch ist. Anders liegt es bei den dynamischen Kategorien. Dritte Antinomie: Es giebt ausser der Kausalität durch Natur keine Kausalität durch Freiheit; es giebt eine solche Freiheit. Vierte Antinomie; Es giebt weder als Bestandteil noch als Ursache der Welt ein schlechthin notwendiges Wesen; es giebt ein solches Wesen. Die einander widersprechenden Behauptungen jeder Antinomie sind hier beide wahr, wenn die Thesis auf die Dinge an sich, die Antithesis auf die Erscheinungen bezogen wird. „Es giebt eine Kausalität durch Freiheit" — dieser Satz ist völlig berechtigt, wenn wir festhalten, dass der Welt der Erscheinungen die Welt der transscendentalen Objekte, der mundus intelligibilis zugrunde liegt. In ihm liegt neben der Kausalität, bei der die Wirkung der Ursache vorausgeht, eine Kausalität, wo keine Zeitbestimmung vorhanden ist, mithin zeitlose Kausalität. Letztere ist für die Begründung von Kants Ethik von prinzipieller Bedeutung, welche in den Abschnitten über die Auflösung der kosmologischen Idee (III, 561 ff.) und über die Möglichkeit der Kausalität durch Freiheit (566 ff.) ausführlich nachgewiesen wird. Giebt es eine doppelte Kausalität, so hat das Subjekt der Sinnenwelt zunächst einen empirischen Charakter, „wodurch seine Handlungen durch und durch mit andern Erscheinungen nach beständigen Naturgesetzen im Zusammenhange stehen", und einen intelligibeln Charakter, „wodurch es zwar die Ursache seiner Handlungen als Erscheinungen ist, die aber selbst unter keinen Bedingungen der Sinnlichkeit steht und selbst nicht Erscheinung ist". Besonders wichtig wird jene Vereinigung von Freiheit und Natur für den Menschen, der als Glied des mundus noumenon einen intelligiblen, als Glied des mundus sensibilis einen empirischen Charakter besitzt. In letzterer Hinsicht ist sein Wollen und Handeln der Naturnotwendigkeit unterworfen, in ersterer ist er frei.

Der Widerspruch in der dritten Antinomie hört auf, wenn wir das, was die Thesis behauptet, die Antithesis leugnet, in verschiedener Bedeutung nehmen. Dasselbe ist auch bezüglich der vierten der Fall, welche aber schon in die rationalistische Theologie hineinreicht und besser unter dem Gesichtspunkte der letztern erörtert werden kann.

Die rationale Theologie ist die letzte der metaphysischen Disciplinen bei Wolff, welcher behauptet, dass Gott durch den reinen Verstand erkannt werden könne. Kants Kritik der rationalen Theologie hat zwei Bestandteile: 1) die Kritik der theoretischen Gottesbeweise und 2) die Aufgabe der Vernunft bezüglich der Gottesidee. Wie in der Dissertation, hält Kant auch jetzt daran fest, dass es nur einen einzigen Inbegriff aller Realitäten, nur eine omnitudo realitatis giebt, welche letztere Grund aller Realitäten ist. Diese omnitudo realitatis heisst Gott, d. i. ein Einzelding für die Summe der Dinge an sich. Gott gehört nicht dem mundus sensibilis an, sondern ist Grund für diesen. Die Vernunft bleibt aber bei diesem vollkommen statthaften Gedanken der Abhängigkeit der Erscheinungswelt von der „Idee des allerrealsten Wesens nicht stehen, sondern versucht dieselbe zu realisieren, zum Gegenstand der Erkenntnis zu machen und ersinnt, da sie sich der Unrechtmässigkeit solcher Verwandlung der blossen Idee in ein gegebenes Objekt dunkel bewusst ist, Beweise für das Dasein Gottes.

Die spekulative Vernunft hat versucht, dafür drei Beweise aufzustellen, die unter den Namen des ontologischen, des kosmologischen und des physikotheologischen bekannt sind. Kant kritisiert diese Beweise in der Reihenfolge, dass er mit dem ontologischen beginnt, weil gerade der transscendentale Begriff die Vernunft in Ansehung jener Beweise leitet. Kant zeigt die Schwäche des erstgenannten Beweises, indem er auf die Unmöglichkeit hinweist, aus der Idee das Dasein eines ihr entsprechenden Gegenstandes herauszuklauben. Die Existenz gehört nicht zu den Merkmalen des Subjekts, kann daher auch nicht in Form eines analystischen Urteils von ihm ausgesagt werden. Jeder Existenzsatz ist aber ein synthetischer Satz, weshalb auch die Existenz Gottes nicht aus dem Gottesbegriffe abgeleitet werden kann. Der ontologische Beweis führt daher nicht zum Ziel, und ebensowenig der kosmologische, da er zunächst durch den Schluss vom Zufälligen auf eine Ursache desselben die Grenze der Sinnenwelt überschreitet, sodann aber in dem Schlusse von der Unmöglichkeit einer unendlichen Reihe von Bedingungen auf eine erste Ursache den subjektiven Grundsatz der Forschung, nach welchem man behufs Einheit der Erkenntnis einen notwendigen ersten Grund hypothetisch annimmt, wie ein objektives, die Dinge selbst treffendes Prinzip handhabt. Auch der physikotheologische Beweis, so achtungsvoll Kant ihm begegnet, wird von ihm nicht als gültig anerkannt. Er argumentiert, dass dieser Beweis nur auf einen intelligenten Urheber der zweckmässigen Form der Welt, nicht aber auch ihres Stoffes, nur auf einen Baumeister, nicht auf einen Weltschöpfer, und, da die Ursache der Wirkung proportional sein muss, nur auf einen sehr weisen und erstaunlich mächtigen, nicht einen allweisen und allmächtigen Ordner schliessen, somit keinen bestimmten Begriff von der obersten Weltursache geben könne.

Die Beweise für die Existenz eines notwendigen Wesens sind also Blendwerk. Gleichwohl behält die Gottesidee ihren Nutzen, indem dieselben Gründe, durch welche das Unvermögen der menschlichen Vernunft in Ansehung der Behauptung des Daseins eines höchsten Wesens vor Augen gelegt wird, notwendig auch zureichen, um die Untauglichkeit einer jeden Gegenbehauptung zu beweisen.

Nun wird aber von Seiten der praktischen Vernunft die Realität des Gottesbegriffs verbürgt, wodurch der transscendentalen Theologie eine Aufgabe im negativen Sinne gestellt wird, insofern sie eine beständige Zensur unserer Vernunft bleibt. Sie hat über die Reinheit des Gottesbegriffs zu wachen, damit ja alles, was der höchsten Realität zuwider ist, was zur blossen Erscheinung gehört, weggeschafft werde; desgleichen hat sie alle entgegenstehenden Meinungen, sie mögen nun atheistisch oder deistisch oder anthropomorphistisch sein, aus dem Wege zu räumen. Kant hält den Theismus ohne fehlerhaften Anthropomorphismus für möglich, sofern wir den Begriff Gottes durch die Prädikate, die wir der innern Erfahrung entlehnen (Verstand und Wille) nicht an sich, sondern nur nach Analogie in seinem Verhältnis zur Welt bestimmen. Jener Begriff dient uns nur zur Betrachtung der Welt, nicht zur Erkenntnis des höchsten Wesens selbst. „Wir sind genötigt, die Welt so anzusehen, als ob sie das Werk eines höchsten Verstandes und Willens sei".

„Wir können die Erscheinungen der Welt und ihr Dasein getrost von andern Erscheinungen ableiten, als ob es kein notwendiges Wesen gäbe, und dennoch zu der Vollständigkeit der Ableitung unaufhörlich streben, als ob ein solches als oberster Grund vorausgesetzt wäre". —

Fassen wir zusammen.

Alle Ideen führen zu einem trügerischen Schein, sobald sie für Begriffe von wirklichen Dingen genommen werden. Nur wenn man sie immanent gebraucht, sind sie statthaft und für die Leitung des Verstandes unentbehrlich.

Die Idee der Seele gebietet uns, alle Bestimmungen derselben anzusehen, als ob sie in einem einzigen Subjekt vereinigt seien, alle Kräfte derselben zu denken, als ob sie von einer einzigen Grundkraft abzuleiten seien, allen Wechsel der Vorstellungen zu betrachten, als ob er zu den Zuständen eines und desselben beharrlichen Wesens gehöre, alle Erscheinungen im Raume endlich als von den Handlungen des Denkens ganz unterschieden anzunehmen (710). Die kosmologische Idee fordert, in der Erklärung gegebener Erscheinungen so zu verfahren, als ob die Reihe an sich unendlich sei, bei Betrachtung der Vernunft als bestimmender Ursache der Erscheinungen so vorzugehen, als ob wir nicht ein Objekt der Sinne, sondern des reinen Verstandes vor uns hätten, das aus der Reihe der Erscheinungen herausgesetzt werden kann, und die Reihe der Zustände anzusehen, als ob sie durch eine intelligible Ursache angefangen würde (713).

Die theologische Idee verlangt, dass die Verknüpfung der Dinge so betrachtet werde, als ob sie insgesamt aus einem einzigen allbefassenden Wesen als oberster und allgenugsamer Ursache entsprungen wären (714). Die Gegenstände aller Ideen sind nur Gedankendinge, auch derjenige, der Gottesidee, wenngleich dieser Gegenstand durch die Moralgesetze gestuliert wird. (Die Überleitung von der unmöglichen spekulativen Erkenntnis dieses Gegenstandes zur möglichen praktischen Erkenntnis desselben giebt die Vernunftkritik im zweiten Hauptstück der Methodenlehre, wo in dem Ideal des höchsten Gutes der Beweisgrund für die Gültigkeit der Gottesidee aufgezeigt wird). Eine rationale Theologie, Kosmologie, Psychologie und Ontologie, jede als Wissenschaft aufgefasst, giebt es nicht. Die erkenntnistheoretischen Grundlagen des Rationalismus ändert Kant nicht, aber er vertieft sie. Die Voraussetzung des apriorischen Ursprungs wird von ihm festgehalten; die daraus gezogenen Konsequenzen hebt er auf und bricht dadurch mit seiner bisherigen Schulmeinung. —

Kapitel 6.

Auf Grund der Grenzbestimmung des Empirimus erklärt sich der Aufbau der Kritik der reinen Vernunft unter Voraussetzung der transscendentalen Aesthetik, die der Ontologie vorhergeht.

Wie sich bei Kant einerseits die Voraussetzung rationalistischer Grundlagen bemerkbar macht, so zeigt sich andererseits die entschiedenste Wertschätzung des Empirischen. Kant ist bemüht, zwischen den Ansprüchen beider zu vermitteln und jeder Erkenntnisart ihre Grenze anzuweisen (Vgl. Vaihinger, Commentar I, S. 49 — 59). Diese Grenzbestimmung, in welcher der Verfasser mit B. Erdmann das Charakteristische der reinen Vernunft erblickt, ergiebt sich aus der Analyse des Aufbaues des kritischen Hauptwerks. Kant nimmt hier Stellung sowohl gegen den dogmatischen Rationalismus, historisch gesprochen gegen Wolff, wie gegen den Skepticismus, gegen Hume. Während der Dogmatismus behauptete, das die Erkenntnis der Dinge aus reiner Vernunft möglich sei, verwarf der Skepticismus diese Auffassung, führte aber nicht zu einer allgemeingültigen Grenzbestimmung der Erkenntnisarten. Letzteres soll die „Kritik der reinen Vernunft" leisten, deren erster Teil, die transscendentale Elementarlehre, hinsichtlich ihres Aufbaues hier betrachtet werden soll, damit klar wird, dass es sich schon hier um Grenzbestimmungen handelt. Der transscendentalen Elementarlehre erster Teil heisst die transscendentale Ästhetik. Kant geht hier aus von der Voraussetzung, dass der Begriff jedes Gegenstandes von einem Zwiefachen abhängt. Dadurch, dass uns der Gegenstand affiziert, wird uns dessen Erscheinung gegeben. Aus dieser Annahme entsteht in der transscendentalen Ästhetik der Gegensatz zwischen empirischer Empfindung und apriorischer Form der Sinnlichkeit, zwischen receptiver Sinnlichkeit und spontanem Verstande. Als Ergebnis der Ästhetik spricht Kant aus, dass es sich hier um die Grenzbestimmung der sinnlichen Erkenntnis überhaupt handele; die Charakterisierung von Zeit und Raum hängt notwendig damit zusammen. Giebt alle unsere sinnliche Erkenntnis nur die Erscheinungen der Dinge an sich, so folgt daraus, dass wir durch unser sinnliches Erkennen das Wesen der Dinge an sich nicht zu erkennen vermögen. Damit ist schon auf das Resultat der ersten Abteilung des zweiten Teiles der transscendentalen Elementarlehre, der Analytik, hingewiesen. Wie es sich in der transscendentalen Ästhetik um eine Analyse der reinen Sinnlichkeit handelt, so hier um diejenige des reinen Verstandes.

Die Analytik betrachtet daher den systematischen Zusammenhang der Kategorien, die Beziehungen derselben auf mögliche Erfahrung und die Vereinigung der ihrem Ursprung nach dem Intellekt angehörigen, also unsinnlichen Kategorien mit dem sinnlich Mannigfaltigen in jeder wirklichen Erfahrung. Auf Grund dieser Erörterungen behauptet Kant, „dass ein transscendentaler, auf die Dinge an sich bezüglicher Gebrauch der Kategorien unmöglich sei, dass der Versand a priori niemals mehr leisten könne als die Form einer möglichen Erfahrung überhaupt zu anticipieren, dass seine Grundsätze also bloss Prinzipien der Exposition der Erscheinungen seien, und der stolze Name einer Ontologie, die sich anmasst, von Dingen an sich synthetische Erkenntnisse a priori in einer systematischen Doktrin zu geben, dem bescheidenen Namen einer blossen Analytik eines reinen Verstandes Platz machen müsse" (303).

Den Inhalt der Analytik fasst Kant zusammen in dem Abschnitt über „Phänomena und Noumena," wo wiederum der Gesichtspunkt der Grenzbestimmung hervortritt. Auch in der Analytik wendet sich Kant sowohl gegen die dogmatische Metaphysik, indem er die stolze Ontologie auf die Stufe der Analytik des reinen Verstandes zurückstellt, als auch gegen den Skepticismus, indem er die Grenzbestimmung trifft, welche der Skeptiker nicht finden konnte. Die Allgemeingültigkeit dieser Grenzbestimmung ist Konsequenz aus der Bedeutung des Apriori, des rationalistischen Elements der kantischen Lehre.

Die transscendentale Dialektik, zweite Abteilung des zweiten Teiles der transcendentalen Elementarlehre, enthält nun die Kritik der dogmatischen Metaphysik selbst. Wie das Gebäude der Ontologie in der Analytik zerstört wird, so werden die übrigen Teile der dogmatischen Metaphysik in der transscendentalen Dialektik vernichtet. Kant scheidet die vier metaphysischen Disziplinen, indem er die Ontologie als transscendentale Analytik zu einer Logik der Wahrheit macht, während die übrigen unter die Logik des Scheines verwiesen werden, da sie die Schranken, an welche der Verstand gebunden, die Erfahrung, überschreiten. Angesichts der Ergebnisse der transscendentalen Analytik erregen jene Disziplinen Misstrauen hinsichtlich der Berechtigung ihrer Ansprüche auf Gültigkeit. Darum soll die transcendentale Dialektik den Grund der transscendentalen Illusion suchen, vor falschem Vernunftgebrauch warnen und den rechten Gebrauch für die systematische Einheit unserer Erkenntnis zeigen. Die transscendentale Dialektik steht erst recht unter dem Zeichen der Grenzbestimmung.

Die gesamte Kritik der reinen Vernunft wird von Kant selbst als Grenzbestimmung, ihr Nutzen als wirklich nur negativ bezeichnet. „Der grösste und vielleicht einzige Nutzen aller Philosophie (Kritik) der reinen Vernunft ist also wohl nur negativ, da sie nämlich nicht als Organon zur Erweiterung, sondern als Disziplin zur Grenzbestimmung dient, und anstatt Wahrheit zu entdecken nur das stille Verdienst hat, Irrtümer zu verhüten" (823). Aber „die Grenzbestimmung der reinen Vernuft schliesst nicht aus, dass die Endabsicht aller transscendentalen Spekulation in den Ideen der Freiheit, der Unsterblichkeit und des Daseins Gottes liegt" (826).

Schlussbetrachtung.

Ziehen wir aus dem Vorstehenden endlich die Summe!

Die Analyse beider Schriften ergiebt zunächst, dass beide eine Reihe gleicher Züge aufweisen, welche jetzt zusammengestellt werden sollen.

Nach der Inauguralschrift sind Raum und Zeit die formgebenden Prinzipien der sinnlichen Welt, was in der Vernunftkritik der Hauptsache nach in gleicher Weise ausgesprochen wird. Die Inauguralschrift weist nach, dass Raum und Zeit den bezeichneten Charakter haben, „so dass die Vernunftkritik hier nichts mehr zu leisten hatte" (K. Fischer, Geschichte der neuern Philosophie, III. S. 316).

Die Inauguralschrift zeigt ferner, dass es Begriffe giebt, die sich zu unserm Verstande verhalten, wie Raum und Zeit zu unserer Sinnlichkeit, Begriffe, welche einen ordnenden und verknüpfenden Charakter haben; sie enthält die Frage nach dem usus logicus und dem usus realis intellectus. Dieselben Fragen wiederholen sich in der Vernunftkritik und werden dort durch die Kategorienlehre und durch die Deduktion der reinen Verstandesbegriffe gelöst. In der Stellung dieser Probleme stimmt die Inauguralschrift mit der Vernunftkritik überein. (Vgl. K. Fischer, Gesch. d. neuern Ph., III. S. 310—317). In beiden Schriften wird das Entstehen der Erfahrung aus den Erscheinungen durch die Funktion des Verstandes behauptet.

Die Dissertation enthält schon die Keime der Kategorienlehre; auch behauptet sie schon, dass der Verstand in jeder Erfahrung die er macht, diese Kategorien anwendet, was in der Vernunftkritik begründet und weiter ausgeführt wird.

Inbezug auf den usus realis intellectus wird in der Inauguralschrift eine negative und eine positive Absicht unterschieden. Jene wird erfüllt, wenn der Verstand die sinnlichen Vorstellungen auf ihr Gebiet einschränkt, von den Dingen an sich fernhält, wodurch die Wissenschaft zwar nicht erweitert, aber vor Irrtümern geschützt wird. In der Vernunftkritik entspricht diesem negativen Gebrauche die „Disciplin der reinen Vernunft". (Vgl. K. Fischer, Gesch. d. n. Ph., III, S. 319).

Die Dissertation enthält in ihrem letzten und schwierigsten Abschnitte (Sectio V) die widerholt ausgesprochene Warnung vor der Verwirrung der Grenzen des Erkenntnisvermögens, damit nicht die notwendigen Beschaffenheiten der sinnlichen Objekte auf die intelligibeln übertragen werden. Vor demselben Fehler warnt aufs Eindringlichste auch die Vernunftkritik. „Die Kritik der reinen Vernunft hat kein anderes Ziel als die Erkenntnis und Zerstörung aller der Blendwerke, die aus einer solchen Verwirrung hervorgehen. Die Inauguralschrift geht der Vernunftkritik mit der Fackel voraus, indem sie in ihrem letzten Abschnitte jene Blendwerke des Geistes (praestigiae ingenii) beleuchtet und aus ihrem Grunde erklärt: Dieser ist die Einmischung der sinnlichen Erkenntnis in das Gebiet der intellektuellen (sensitivae cognitionis cum intellectuali contagium), die Neigung unserer anschauenden Vernunft, die Grenzen ihres Gebietes und die Tragweite ihrer Principien zu überschreiten". (K. Fischer, Gesch. d. n. Ph., III, S. 324). —

Die Analyse beider Schriften lässt aber auch wesensdifferente Züge an ihnen hervortreten.

Wenn die Vernunftkritik in der transscendentalen Ästhetik über die Begriffe Raum und Zeit der Hauptsache nach wiederholt, was schon die Inauguralschrift darüber lehrt, so treten doch im kritischen Hauptwerk, und zwar in der zweiten Auflage desselben gewisse Nüancierungen hervor, den innern Sinn und die Theorie der Selbstaffektion betreffend was in Kapitel III der vorliegenden Arbeit ausgeführt wurde.

Weit mehr unterscheiden sich beide Schriften in Ansehung des Verstandesgebrauchs. Während die Inauguralschrift den usus logicus und den usus realis unterscheidet, lässt das kritische Hauptwerk den letztern fallen.

Die Inauguralschrift kennt noch keine Kategorientafel, welche vielmehr erst in der Vernunftkritik aufgestellt wird. Die Anwendung der Kategorien auf jeden einzelnen Fall der Erfahrung findet sich zwar in beiden Schriften, worin aber die Anwendung der Kategorien besteht und mit welchem Rechte sie geschieht, wird erst in der „Deduktion der reinen Verstandesbegriffe" ausgeführt.

Der Hauptunterschied beider Schriften liegt in der verschieden weiten Ausdehnung des Rationalismus, dessen vom Dogmatismus behauptete Konsequenzen die Dissertation noch festhält, wogegen sie in der Vernunftkritik abgelehnt werden.

In beiden Schriften wird zwar ein mundus intelligibilis vorausgesetzt; während aber in der Inauguralschrift die Erkennbarkeit derselben behauptet wird, so wird diese in der Vernunftkritik geleugnet. —

Danach ist zwar die Zahl der wesensverschiedenen Merkmale beider Schriften geringer als die der wesensgleichen; aber die Bedeutung der ersten ist so gross, dass man den letzteren nicht ohne Weiteres das Übergewicht über jene zusprechen darf.

Verfasser kann nun im engen Rahmen seiner Dissertation den entgegenstehenden Ansichten über die eigentliche Hauptabsicht beider Schriften nicht eingehend folgen; er bezeichnet jedoch im Folgenden kurz die Stellung, die er zu den in der Einleitung angeführten Auffassungen (S. 1—3) nimmt.

Ia. Wer mit K. Fischer die Auffassung von der Wesensgleichheit beider Schriften teilt, muss die Entdeckung der Phänomenalität von Raum und Zeit als das entscheidende gemeinschaftliche Merkmal beider ansehen. — Für die Inauguralschrift tritt allerdings die neue Lehre von Raum und Zeit in den Vordergrund; im Mittelpunkte der

Vernunftkritik steht sie jedoch nicht, da, wie auch in Kapitel VI unserer Arbeit gezeigt ist, nach Kants eigenen Worten die wesentliche Aufgabe der Vernunftkritik Grenzbestimmung sein soll, und zwar ganz besonders die Grenzbestimmung des Gebrauchs der Verstandesbegriffe, während die Phänomenalität von Raum und Zeit sich ja nur auf die Anschauungsform bezieht. Verfasser kann daher der Ansicht nicht beipflichten, dass beide Schriften hinsichtlich jener neuen Lehre wesensidentisch seien.

Ib. Wenn Paulsen und Adickes als gemeinsames Merkmal beider Schriften den Rationalismus hervorheben, so haben beide insofern Recht, als Kant hier wie dort die Voraussetzungen des Rationalismus festhält: Frage ist aber, ob dieser in beiden Schriften in gleicher Stärke sich geltend macht. Nun hat die Analyse ergeben, dass dies nicht der Fall ist, dass in der Vernunftkritik die vom Dogmatismus behauptete Erkennbarkeit des mundus intelligibilis abgelehnt wird. Dieser Unterschied ist wesentlich, da die Behauptungen beider Schriften einen kontradiktorischen Gegensatz bilden inbezug auf die Lösung eines wichtigen Problems. Auffallend sind allerdings die Widersprüche der Inauguralschrift hinsichtlich der Behauptung, dass durch die reinen Verstandesbegriffe die Dinge an sich erkannt würden. Adickes (Kantstudien S. 133) erblickt in ihnen den Beweis dafür, dass Kant damals über den Geltungsbereich der reinen Verstandesbegriffe noch keine eingehenden Untersuchungen angestellt, sondern sich damit begnügt habe, den generellen Unterschied zwischen Erscheinungen und Dingen an sich, zwischen Sinnlichkeit und Vernunft festgestellt zu haben. Jene Widersprüche seien nicht etwa als Ausdruck für zwei im Kampfe liegende Theorien aufzufassen, sondern als Unbestimmtheiten, die daraus hervorgingen, dass überhaupt in dieser Beziehung keine Theorie bestand. Sobald Kant über die Frage nach dem Geltungsbereich der reinen Verstandesbegriffe näher nachgedacht, werde sich die Frage erhoben haben, welcher Art die Beziehung der Verstandesbegriffe auf ihren Gegenstand sei. Zu Anfang des Jahres 1772 sei das Problem in den bekannten Briefe an Herz als ganz neues aufgetreten, und Kant habe wahrscheinlich die erste Lösung des neuen Problems an die §§ 17 und 22 der Dissertation angeschlossen. Die Vernunftkritik wäre demnach nur eine Fortsetzung der Dissertation, letztere aber der Beginn des Kriticismus.

Paulsen (Versuch einer Entwickelungsgeschichte u. s. w. S. 120—123) erblickt in den erwähnten Widersprüchen Antriebe zu der in der Vernunftkritik aufgestellten Behauptung, dass alle Erkenntnis, auch diejenige durch die leges rationalitatis auf Erscheinungen eingeschränkt ist und findet, dass dadurch der Unterschied in der Lösung des Erkenntnissproblems in der Inauguralschrift und in der Kritik der r. V. sich sehr zu verringern scheine. Nach Paulsen liegt in der Inauguralschrift die neue Theorie mit der alten im Kampfe, was dem schon im Jahre 1760 beginnenden Einflusse Humes zuzuschreiben sei. Denselben Standpunkt hält Paulsen in seinem neuen Kantbuch fest: Immanuel Kant. Sein Leben und seine Lehre. (S. 88—101; 113 ff. und 279, 307, 391).

Jene Widersprüche lassen freilich erkennen, wie nahe beide Lösungen des Problems in der Dissertation bei einander liegen, und man kann sich darüber wundern, dass nicht schon hier die von der Vernunftkritik gebotene Lösung gefunden wird. Aber was uns, den Lesern, so nahe zu liegen scheint, liegt für Kant, der von ganz verschiedenartigen Einflüssen geleitet wird, noch in weitem Felde. Jene Widersprüche sind Äusserungen von vorübergehenden empiristischen Antrieben: der Tenor der Inauguralschrift bleibt unverändert. Kant schreibt dieselbe als Dogmatist, der einer bestimmten metaphysischen Theorie huldigt. Der Einfluss Hume's ist in der Inauguralschrift noch nicht bemerkbar; denn in ihr geschieht des schottischen Philosophen weder direkt noch indirekt Erwähnung. Nun sind unsere bedeutendsten Kant-Forscher über den Zeitpunkt, wo die nachhaltigste Beeinflussung Kants durch Hume stattgefunden hat, verschiedener Meinung: K. Fischer bezeichnet als diesen Zeitpunkt das Jahr 1766, Paulsen das Jahr 1769, Erdmann das Jahr (1772) 1773, damit stimmt auch Vaihinger (Comment. I. S. 48 und 347 ff.) überein, der zwar eine zweimalige Einwirkung Hume's auf Kant annimmt, aber die entscheidende doch auch mit B. Erdmann in die siebziger Jahre setzt. Die verschieden weite Ausdehnung, welche der Rationalismus in beiden Schriften aufweist, erklärt sich aus der Verschiedenheit des Standpunktes, den der Verfasser hier und dort einnimmt; die Vernunftkritik kann daher nicht als Fortsetzung der Inauguralschrift gelten; beide Schriften sind zwar rationalistisch gefärbt, aber deshalb nicht wesensidentisch.

IIa. A. Windelband sieht in der Entdeckung der Apriorität der logischen Normen (Kategorien) und ihrer objektiven Gültigkeit für die Erfahrung das entscheidende Merkmal des Kriticismus und fasst beide Schriften als wesensdifferent, weil jenes Merkmal erst in der Vernunftkritik auftrete.

Nun kennt aber schon die Inauguralschrift reine Verstandesbegriffe (ideae purae) wie Möglichkeit, Dasein, Notwendigkeit, Substanz, Ursache mit ihren Gegensätzen und Korrelaten. Einzelne Kategorien liegen also hier schon vor, und es wird auch ausgesprochen, dass der Verstand in jeder Erfahrung, die er macht, diese Kategorien anwendet; nur worin die Anwendung besteht und mit welchem Rechte sie gemacht werden darf, das wird erst in der „Deduktion der reinen Verstandesbegriffe" erörtert. Dass die Lehre der transscendentalen Analytik in der Inauguralschrift noch gar nicht enthalten sei, wie Windelband (Gesch. d. n. Ph. II, S. 39—41) behauptet, kann Verfasser ebenso wenig zugeben als die Behauptung

Fischer's (Gesch. d. n. Ph. III, S. 318), der hinsichtlich der Kategorienlehre den genauesten Zusammenhang zwischen der Inauguralschrift und der Vernunftkritik konstatieren will. Die Behandlung der Kategorienlehre in beiden Schriften erscheint dem Verfasser nicht so grundverschieden, dass man diese als wesensdifferent bezeichnen müsste, obgleich es Thatsache ist, dass die Begründung und Ausführung jener Lehre der Vernunftkritik angehört.

IIb. B. Erdmann sieht die Grenzbestimmung als das Wesentliche des Kriticismus an, und der Verfasser hat sich dieser Auffassung angeschlossen. Frage ist nun, ob der Begriff der Grenzbestimmung in der Dissertation fehlt, so dass aus diesem Grunde beide Schriften für wesensdifferent gehalten werden müssten. Nun bildet aber jener Begriff das Thema des letzten Abschnittes der Inauguralschrift (Sectio V), in welchem wiederholt und eindringlich davor gewarnt wird, dass man die Grenzen der Erkenntnisvermögen verwirre und die notwendigen Beschaffenheiten der sinnlichen Objekte auf die intelligibeln übertrage. Auch K. Fischer bezeichnet den Hauptzweck der Vernunftkritik als, einen negativen, als Grenzbestimmung, und findet, dass in dieser Hinsicht die Inauguralschrift, „der Vernunftkritik mit der Fackel vorausgehe" (Gesch. d. n. Ph. III, S. 324).

In der Inauguralschrift soll freilich die Grenzbestimmung der Metaphysik zugute kommen, damit diese von allem sinnlichen Beiwerk frei bleibe, wogegen die Grenzbestimmung in der Vernunftkritik die Abweisung aller von der Metaphysik erhobene Ansprüche auf Gültigkeit zur Folge hat, aber der Begriff der Grenzbestimmung und ihre Notwendigkeit werden in beiden Schriften wiederholt hervorgeheben. Aus diesem Grunde möchten wir letztere nicht als wesensdifferent bezeichnen. –

Nach Ansicht des Verfassers halten die wesensidentischen und die wesensdifferenten Züge beider

Schriften ungefähr einander das Gleichgewicht, so dass weder von ihrer Wesensgleichheit noch von ihrer Wesensverschiedenheit gesprochen werden, wohl aber eine tiefe Verwandtschaft zwischen beiden konstatiert werden kann.

Die Inauguralschrift unterscheidet sich scharf von der ihr unmittelbar vorausgehenden Arbeit Kants (1768), die „vom ersten Grunde des Unterschiedes der Gegenden im Raume" handelt, da in ihr die selbständige, und eigene Realität des Raumes noch behauptet wird, wogegen in der Inauguralschrift die Lehre von der Phänomenalität des Raumes und der Zeit zum Ausdruck kommt. Die unmittelbare Aufeinanderfolge solcher Gegensätze setzt eine ganz neu einsetzende Entwickelung Kants voraus. Im Jahre 1766, wo die „Träume eines Geistersehers" erschienen, befand sich die philosophische Entwickelung Kants nach B. Erdmann im Stadium des kritischen Empirismus (Reflex. II, Einleit. S. 17–23, 35–39, 40–45, 54–56). Woher nun der so plötzliche Rückfall zum Dogmatismus und Rationalismus im Jahre 1770? B. Erdmann hat zuerst nachgewiesen, dass Kant durch die Antinomien zu dem neuen Standtpunkt hingedrängt worden ist. (Reflex. II, Einleit. S. 35 ff; 40 ff.) Vaihinger hat dann diese Annahme acceptiert und in seinem Commentar (I. 343 f.) durch neue Citate aus Kant's Werken bekräftigt. Gegenwärtig herrscht darüber kein Streit mehr, dass das Antinomien-Problem zu der Frontveränderung Kants im Jahre 1770 den Hauptanstoss gegeben hat, wohl aber darüber, ob letztere durch das Antinomien-Problem allein bewirkt ist. Windelband und Vaihinger nehmen an, dass Kant sein „neues Licht" (1769) „an der Sonne der Leibniz'schen Philosophie" angezündet hat. (Vaihinger's Ausführungen Vierteljahrsschrift für wissenschaftliche Philosophie, XI. Jahrgang, Heft 2, S. 216–224.)

Die Dissertation vom Jahre 1770 ist nun die erste Schrift jenes eigentümlichen Entwickelungsstadiums und hat, da sie sich scharf abhebt von Kants Arbeit über den

Raum vom Jahre 1768, eine selbständige Anfangsstellung in jener Periode. Über die Entwickelung der Vernunftkritik aus der Inauguralschrift siehe Teil II, Kap. 1 der vorliegenden Arbeit. —

Das Ergebnis obiger Ausführungen ist folgendes. Mit R i e h l und V a i h i n g e r ist Verfasser der Ansicht, dass der Inauguralschrift eine eigenartige S t e l l u n g einzuräumen ist. Sie gehört derjenigen Entwickelungsperiode K a n t s an, in der er, j e d e n f a l l s vom Antinomienproblem dazu gedrängt und v i e l l e i c h t auch durch L e i b n i z' Nouveaux Essais beeinflusst, p l ö t z l i c h Dogmatist wird. Insofern aber jener Zeitpunkt zugleich den Beginn des Kriticismus darstellt, nimmt die Inauguralschrift inbezug auf diesen e i n e s e l b s t ä n d i g e A n f a n g s s t e l l u n g ein und kann als d o g m a t i s c h g e f ä r b t e s V o r s p i e l d e r V e r n u n f t k r i t i k, d e r r e i f e n F r u c h t d e s K r i t i c i s m u s, a n g e s e h e n w e r d e n.

Vita.

Natus sum, Adolphus, Guilelmus, Arminius Gattermann Elbingerodae a. h. s. quinquagesimo primo XVIII. kal. Jan., patre Ernesto, praematura morte mihi erepto, matre Dorothea nuper mortua, de gente Kuehne. Fidei sum addictus evangelicae. Per octo annos ludum urbis patriae frequentavi atque ibi institutione privata elementa linguae latinae et linguae gallicae didici. Sedecim annos natus domo decessi, ut sequerer rectorem meum A. Wode, qui tunc in ordinem clericorum receptus est, quem adhuc superstitem veneror. Cujus studio et opera sic eruditus sum, ut anno LXIX. seminarii praeceptorum Alfeldensis discipulus adscribi atque post annos quattuor, maturitatis testimonio instructus, munere magistri fungi possem. Anno LXXIII. conrector ludi litterarii Alfeldensis creatus sum. Anno LXXIV. Hannoverae testimonium pro rectoratu mihi conciliavi, eodemque anno testimonium, quo mihi concessum est, ut in scholis, quae nostra lingua „Mittelschulen" nominantur, historiam et elementa linguae gallicae et linguae anglicae docerem. Anno LXXIV. inter magistros seminarii praeceptorum Osterburgensis, et mense Augusto anni insequentis seminarii praeceptorum Deliciensis receptus sum.

Anno LXXVI. Magdeburgae testimonium mihi comparari, quo in eisdem scholis, quas supra commemoravi, dogmata fidei evangelicae et elementa grammaticae germanicae docere mihi licet. Anno LXXVII. Berolini testimonium pro facultate artem gymnasticam docendi adeptus, Deliciam reverti, ubi studiis imprimis linguae gallicae operam dedi.

Anno LXXX. magister seminarii praeceptorum H..
stadensis, et anno LXXXVI. seminarii praeceptorum Hilch..
bacensis creatus sum. Anno LXXXXII. ius ministeri..
Islebiam me contuli, ubi munus magistri semin.. ..p..
torum susciperem. Anno LXXXXV. in gymn..
husano testimonium maturitatis adeptus, per tres ..
pes Universitatis Halensis philologiae germanica.. et gall..
praecipue vero philosophiae deditus fui, neque .. .. ..
illud munus, quod in me collatum erat, neglexi

Seminarii germanici per duos annos, seminari.. ..
sophici per bis senos menses, seminarii romanensi.. per s..
menses eram hospes.

Docuerunt me viri clarissimi et doctissimi:
Haym, Husserl, Heuckenkamp, Meier, Sar..
Strauch, Suchier, Schwarz.

Omnibus his viris optime de me meritis gratias ag..
quam maximas.